前言

2015年，教育部发布了《关于深入推进教育管办评分离促进政府职能转变的若干意见》，旨在构建“政府管教育、学校办教育、社会评教育”的新格局。2020年10月，中共中央、国务院颁布了《深化新时代教育评价改革总体方案》，这一纲领性文件明确提出了构建社会多元参与的教育评价体系，并强调发挥专业机构和社会组织的作用。2022年，党的二十大报告对教育、科技、人才做出一体部署，并对深化教育领域综合改革、完善教育评价体系提出了新要求。随着社会主义市场经济的发展、政府职能转变以及教育管理体制改革的深入推进，管办评分离已成为我国教育管理体制改革的重要任务和关键环节。

近年来，随着我国行政审批制度改革的不断深化，教育领域全国各地纷纷开展了“管办评分离”和“充分发挥第三方评估作用”的探索和实践。如河南省成立了教育评估中心，构建了管办评分离的新机制；宁波市和温州市教育局分别设立了宁波教育评估院和温州教育评估院，专门负责第三方教育评估工作；上海市杨浦区和广东省佛山市顺德区等地试点引入了第三方评估机构，以独立的身份担任教育监督部门，履行督查职责。此外，一些地方政府通过部门规章等形式统一规定了教育评估相关事项，并出台政策配套文件，支持第三方教育评估的发展。例如，湖南省制定了《湖南省全面深化改革第三方评估办法（试行）》，北京市实施了《北京市人民政府教育督导室关于委托第三方机构开展教育评估监测工作暂行办法》，山东省教育厅印发了《山东省第三方教育评价办法（试行）》等文件。各地在构建第三方教育评估的政策体系和制度机制等方面进行了积极的探索，取得了显著的进展和成效。

然而，尽管我国已经开展了第三方评估深化改革，但其开展时间相对较短，导致各界对第三方评估的重要性认识还不够充分。同时，评估机构的评估工作也存在规范性不足，缺乏制度化、规范化和程序化保障等问题。此外，评估机构的评估经验有限，评估形式、评估程序及评估方法等方面也有待进一步改进。

究其原因主要体现在几个方面：首先，大多数评估机构是在政府主管部门的推动或组织下建立的，扮演着政府下属部门的角色，依赖于政府主管部门的项目安排、资金投入和过程管理。这种依赖性导致评估机构在独立性和专业性方面面临挑战。其次，缺乏优质的专业组织，特别是具备管理经验的组织，目前与社会组织的合作主要是通过教育行政部门的直接授权，而非通过充分的竞争和选择。最后，可接受政府委托的专业组织数量仍然有限，这使得教育行政部门在职能转变和权力下放方面的目标难以立即实现。

因此，开展第三方教育评估制度化建设研究，规范第三方教育评估业务，推动教育评估工作走上科学化、专业化、规范化和制度化的道路具有重要意义。

本书共分为七章，以教育管办评分离为前提，旨在系统探讨第三方教育评估的理论和实践。第一章从管办评分离的本质出发，介绍管办评分离改革的背景和政策推进思路，并深入剖析该改革背后的动因，探讨其对教育评估的影响和意义。第二章详细介绍第三方教育评估的背景、特点和意义，以及面临的基本问题及其理论基础。第三章介绍国内第三方教育评估机构的机制建设，分析我国教育评估机构运行机制的现状，剖析存在的问题和瓶颈，以帮助我们在实践中更好地应对挑战，提升评估工作的质量和效果。第四章通过列举分析美国、英国、法国、德国、日本、荷兰等国家教育评估机构评价体系的构建、评价行为的实施、评估工作人员的组成等，为国内评估机构的本书部分内容系全国教育科学“十三五”规划2019年度教育部青年课题“中小学生财经素养评价指标研究”（课题编号：EHA190493）的研究成果

管办评分离背景下第三方教育评估的理论与方法研究

莫玉音　著

广东高等教育出版社
Guangdong Higher Education Press
·广州·

图书在版编目（CIP）数据

管办评分离背景下第三方教育评估的理论与方法研究 / 莫玉音著.
—广州：广东高等教育出版社，2023. 12
ISBN 978-7-5361-7590-7

Ⅰ. ①管…　Ⅱ. ①莫…　Ⅲ. ①教育评估－教育制度－研究－中国
Ⅳ. ① G521

中国国家版本馆 CIP 数据核字（2024）第 016866 号

管办评分离背景下第三方教育评估的理论与方法研究

GUANBANPING FENLI BEIJINGXIA DISANFANG JIAOYU PINGGU DE LILUN YU FANGFA YANJIU

出版发行	广东高等教育出版社 地址：广州市天河区林和西横路 邮编：510500　　营销电话：（020）87553735 网址：http://www.gdgjs.com.cn
印　刷	广东虎彩云印刷有限公司
开　本	787 mm × 1092 mm　1/16
印　张	13. 25
字　数	224 千
版　次	2023 年 12 月第 1 版
印　次	2023 年 12 月第 1 次印刷
定　价	48. 00 元

发展提供经验借鉴与启示。第五章重点讨论在管办评分离背景下建设第三方教育评估体系的关键问题，包括权力机制、运行机制以及监督机制等，为评估机构的建设与运行提供建议。第六章探讨第三方教育评估的方法技术，从基本问题、分类以及使用过程中存在的问题等角度，介绍相关的方法和技术。第七章关注第三方教育评估的组织实施，包括评估方案的准备、实施、报告撰写、结果反馈和运用等方面的问题，旨在帮助评估从业人员更加系统和有效地组织评估活动。

本书旨在为广大教育评估工作者、教育管理者、学者研究人员以及对教育管办评分离政策感兴趣的读者提供一份研究参考。然而，我深知目前的研究对某些主题的覆盖不够深入、分析不够全面、实践案例分析不足、论述不够准确，同时，随着教育环境和政策的变化，教育评估领域也在不断发展和演进，新的理论、方法和实践不断涌现。因此，本书的观点和研究成果可能无法覆盖所有的新兴问题和最新发展等。期待有关领导、专家、同仁和各界朋友的批评指正。

编者

2023 年 6 月

目录

第一章 管办评分离的本质探析

教育管办评分离改革是教育治理体系与治理能力现代化的重要路径，是教育体制改革的重点和难点，也是协调理顺政府、学校以及社会三者之间关系的根本性举措。在教育治理能力现代化的背景下，教育管办评分离是具有长期效益的实践措施。① 2020 年 10 月，中共中央、国务院印发的《深化新时代教育评价改革总体方案》明确要求构建社会多元参与的教育评价体系，提出要“发挥专业机构和社会组织作用”，即发展第三方评估，通过把不属于政府的事务交由专业机构、社会组织承担，促进政府职能更好转变。②

推进管办评分离，构建政府、学校、社会之间新型关系，首先要厘清政府、学校、社会之间的权责关系，使三者之间形成良性互动机制。本章作为本书的开篇，主要对管办评分离提出的背景、政策发展、内涵及推进思路等方面进行梳理，以期大家了解管办评分离的本质。

① 薛利晨，米靖 . 2011—2021 年我国职业教育第三方评价研究现状考察与思考［J］. 教育与职业，2023（7）：90–97.

② 骈茂林 . 教育第三方评估探讨：规制理论的视角［J］. 上海教育评估研究，2022（6）：1–6.

第一节 教育管办评分离的改革背景及政策发展

教育是国家的基石，对于国家和社会的发展具有举足轻重的地位。随着社会的进步和科技的发展，教育改革成为各国政府关注的焦点。教育管办评分离作为一种教育改革策略，逐渐受到关注和推广。通过将教育管理和评估分开，这一策略旨在提高教育体系的整体效能和质量，促进教育公平和资源的合理配置。本节将详细探讨教育管办评分离改革的动因，为推进我国教育事业的改革与发展提供参考。

一、管办评分离改革的动因

改革开放以来，我国教育事业在党和政府的引领下取得了长足的进步和发展，教育管理体制日趋完善。然而，在教育管理体制改革的过程中，仍存在着诸多亟待克服的难题，这些问题在一定程度上制约着我国教育质量的提升。教育“管办评分离”的提出是化解这些难题的必由之路，是新时代促进我国教育治理体系和治理能力现代化的助推剂。

1. 政府职能转变落后于教育体制改革的需求，造成教育发展不均衡

自1985年《中共中央关于教育体制改革的决定》颁布后，我国教育管理体制改革不断深入。2010年《国家中长期教育改革和发展规划纲要（2010—2020年）》再次发力，提出要“促进管办评分离”，但是政府职能转变始终落后于深化教育体制改革的需要。政府不仅指导办学方向，还制定评价标准，学校的招生计划、工资发放、职称评聘的行政权力都集中在政府手中。政府权力的急剧膨胀造成了“大政府、小社会”的畸形格局，教育领域综合改革系统出现结构性缺陷。“我国现行教育实行的是政府管理、政府办学、政府评价的‘一条龙模式’，这种模式无疑是计划体制的衍生品，在短期内取得了应有成效，但也在一定程度上排斥了人民群众在教育评价中充分的话语权。”[①] 政府、学校、社会三者之间层次不明、边界不清，全能型政府挤占了学校、社会自主运行的独立空间，无能型学校和失语型社会面对政府

① 刘利民．新形势下我国基础教育管办评分离思考［J］．中国教育学刊，2015（3）：1-6.

的强势控制，丧失了在教育现代化进程中的话语权和参与权，系统结构的稳定性和平衡性无法长期维持。教育领域综合改革的进程无法与社会政治、经济、文化深刻变革保持一致，来自于外部的压力便会促进系统的组织变革，与此同时，来自系统内部的冲突（教育资源分配不均衡、受教育权益诉求得不到满足）也会激化系统的结构演变。管办评分离就是教育系统在内外压力的共同作用之下发生的系统转型演变，力求实现系统平衡的组织变革。

2. 学校办学能力趋弱，造成系统动力缺失

学校是教育领域综合改革系统的动力来源，直接影响着系统整体的运行效率和改革成败。长期以来，教育行政权力的干预束缚了学校自主办学机制体制的健康发展，学校对政府指令唯命是从，对政府管理依赖过重，自主办学的能力先天不足，内部行政化日趋严重。校长更多扮演着执行者的角色，教育管理决策的依据是红头文件而不是教育规律，教育理念的建构也失去了自主思考、自主创造的能力，教育资源分配过程中更多的是利益驱动而非对公平正义的追求。从学校系统的功能优化来说，系统自组织的动力机制遭到了破坏，学校参与教育改革的热情和潜能受到了抑制，办学缺乏活力，发展缺乏动力。“系统是结构与功能的统一体，按照系统动力学的观点，系统结构和功能分别表示系统的构成与行为，它们是对立统一的关系，在一定条件下也会发生相互转换。系统行为的性质主要取决于系统的内部结构，即内部的反馈机构与机制，外因只有通过系统的内因才能起作用。”[①] 管办评分离将有助于学校主体地位的确立，使教育真正回归社会、回归人性，成为教育改革系统发展的动力之源。

3. 社会监督缺位，造成系统优化乏力

长期以来，政府作为教育评价的主体统一制定评价标准，与教育财政、用人、监管等权力部门捆绑在一起，成为束缚学校自主办学的又一座大山。各种纷繁复杂的评价指标体系成为学校办学的“风向标”，很多指标的制定并没有充分认识教育系统内部的复杂性和差异性。政府对经费拨款或招生计划等教育资源分配权的控制迫使学校不得不参加各种“学科”“项目”“工程”的评比来争取发展空间，导致各种学术不端和学术腐败行为滋生，破坏了学校组织的治理结构，围绕各种办学经费和科研经费展开的权力寻租日趋

① 王其藩．系统动力学［M］．上海：上海财经大学出版社，2009：28.

严重，学术权力和行政权力纠缠在一起，资本化和商品化成为权力腐败的污染源。在民意表达机制建设上，社会公众养成了沉默的习惯，缺少参与的主观能动性，对一些反馈机制的民主性和参与意义也持半信半疑的态度，对于教育评价和反馈采取疏离的态度，成为“沉默的大多数”。因此，来自政策运行末端的“底层”民意表达机制长期处于“缺位”或“被动”状态，其自身真实的情感态度、价值判断淹没在被代表的主流表达里。“公众更愿意停留在理性的无知之中而采取消极被动或对抗的态度参与政策表达，导致教育政策制定起来难以体察真实民意，执行起来更是步履维艰。”①

二、管办评分离改革的意义

纵观国内外教育治理体系的构建过程，实施管办评分离，使得第三方评估机构应运而生，并在教育政策的制定、实施、评价和反馈，在学校的教育教学及其管理的实施、评价、监督、反馈等过程中发挥举足轻重的作用。②

1. 推进管办评分离是我国教育体制改革的现实需要

党的十八大以来，改革进入深水区，社会组织参与社会公共管理的重要方面是各项公共事业，教育是其中备受关注的组成部分。我国实行的教育体制是政府不但控制着学校的办学权管理权，同时还承担着学校教育的评价权，是教练员兼裁判员，很容易出现评价上的偏颇。同时，我国相关教育行政部门一直作为教育主管部门的下属机构而存在，教育行政部门并没有明确自身的职责以至于其缺乏社会公信力，导致我国教育管理体制一直处于僵化状态。③《中共中央关于全面深化改革若干重大问题的决定》明确了教育变革的三大方向：管，由国家和省级政府主要负责教育督导；办，交给学校办学自主权；评，委托社会组织开展教育评估监测。管办评分离的直接目标就是建立由政府进行宏观行政管理和领导，学校立足自身实际自主办学，社会各界广泛参与评价的一种新的体系。管办评分离是教育领域综合改革中最具全局影响的变革，要求转变全能型政府的职能模式，形成政事分开、权责明

① 邓旭，乔芳．我国教育政策民意表达合理性的缺失及建构［J］．辽宁教育行政学院学报，2014（3）：21-24.

② 刘鹏．教育第三方评价机制建设的困境及优化［J］．教学与管理（理论版），2017（10）：110.

③ 李嫣．基于管办评分离的高等教育协同治理研究［D］．沈阳：长春工业大学，2019：10.

确、统筹协调、规范有序的现代公共服务政府教育管理体制，最终目的是构建“政府管教育、学校办教育、社会评教育”的教育发展新格局。

对教育而言，实行教育管办评分离的重点就是明确政府在教育管理过程中的管理规范，约束政府的权力，实现教育管理由人治转变为法治。对基础教育而言，管办评分离改革是提高教育资源使用效率的有效途径，能够减少教育供给与教育需求之间的矛盾，促进教育系统和教育生态的良性发展，从而转变教育管理的方式，深化学校内部改革，注重中小学内涵式发展，提高学校的办学质量和效益。

2. 推进管办评分离是实现教育治理体系现代化的重要途径

长期以来，我国教育评估的主要模式是学校自我评估，即“第一评估”，以及教育行政部门组织的行政评估，即“第二评估”。这都属于教育系统内部评估，存在评估主体单一、评估过程封闭等缺陷，内部评估很难做到客观中立，其独立性与公正性受到舆论质疑。推动教育治理体系现代化，既包括教育治理主体现代化、治理理念现代化、治理机制现代化，又包括教育治理多元化。实现教育治理主体现代化，就是要让懂教育的人办学；实现教育治理理念现代化，就是要推进教育治理的科学化、民主化和法制化；实现教育治理机制现代化，就是要将广大人民群众纳入教育决策和管理主体，完善学校内部治理机制。教育治理的多元化可以改变过去单一主体治理状态下各方调节失灵、监督失控的混乱局面，构建开放、民主、科学的治理体系。同时，教育治理的现代化也呼唤独立、专业、综合的第三方评价，透出深刻的“分”“合”之理。“分”就是要明确各自责任，“合”就是要有科学的架构。第三方教育评估机构的经费和人员都独立于教育行政部门和学校之外，能摆脱外在因素干扰，依法做出客观、公正的评价。通过有效的“分”“合”形成有机的效能体，而管办评分离是实现这种“分”“合”的重要途径。

3. 推进管办评分离是解决政府既管理教育又评价教育问题的重要措施

以前将教育的公益性等同于政府包办、直接办学，这造成了“政校不分、教评不分”。政府既是办学主体，又是管理主体，还是评价主体，决策、执行、监督一体化，既是裁判员，又是运动员，还是解说员。这种现状带来的结果必然缺乏公信力，缺乏说服力，缺乏相互监督和制约。只有推进管办评分离，引入非官方性质的第三方评估机构，通过政府购买公共服务等方式发挥政府和市场的作用，才能有效促进教育良性发展，解决政府既管理教育又干预评价教育的弊端。第三方评估机构是指在民政局登记造册、具有独立法人资格的民办非企业单位、专业从事第三方评估的民间非营利性的社会组织，一般由非政府组织、高校、研究机构及媒体等组成。由于与政策制定者（第一方）和执行者（第二方）没有行政隶属及利益关系，地位相对独立，评估结论一般不带偏见，更体现公正客观。与临时性抽调或组建的团队相比，“术业有专攻”的第三方评估机构也更具行业优势。

4. 推进管办评分离是全面深化教育评价机制改革的现实需要

教育评价事关教育发展方向，有什么样的评价指挥棒，就有什么样的办学导向。在过去的课堂教学评价中，我们依然遵循应试教育的评价观，用分数和等级来划分学生的水平，用升学率来考量学校的教育教学质量，致使综合素质评价成为一纸空文。近些年来，我国进入教育改革的“深水区”，全国各地都在进行教育理念、课堂教学、教育评价等全方位的改革。习近平总书记在全国教育大会上指出，要深化教育体制改革，健全立德树人落实机制，扭转不科学的教育评价导向，坚决克服唯分数、唯升学、唯文凭、唯论文、唯帽子的顽瘴痼疾，从根本上解决教育评价指挥棒问题。近几年来，我国全面落实全国教育大会精神，教育体制改革加速推进。2020 年 10 月，中共中央、国务院印发了《深化新时代教育评价改革总体方案》，对教育评价改革进行了系统部署，为新时代教育评价改革绘制了蓝图。党的二十大报告中明确指出：“深化教育领域综合改革”“完善学校管理和教育评价体系”“着力破解深层次体制机制障碍”“完善党中央重大决策部署落实机制”等有关精神。因此，深入推进管办评分离工作，构建政府、学校、社会等多元参与的评价体系，建立健全教育督导部门统一负责的教育评估监测机制，发挥专业机构和社会组织作用。

5. 第三方评估机构进行教育评估已经成为发达国家教育评估的基本模式

教育第三方评估起源于西方国家，在发达国家，评估机构一般不属于政府机关，而是在既定的法律法规或者政策框架下具有一定独立地位的实体，其运行独立于政府行政管理部门之外，在评估过程中是作为“第三方”出现的，有很强的独立性、专业性；人员构成方面主要以政府、学术界和工商界的教育利益相关方为主，非政府官员的比例占多数；机构资金大多数是由机构自己筹措，尽管也有一些是政府拨款，但在评估过程中它们依然独立于政府之外。1975 年美国最早成立了高等教育评估与认证委员会（COPA）。20

世纪中后期，经过数十年的探索与发展，在发达国家形成了非常成熟的教育评估市场与运行机制。如：法国科学研究与教育评估总署（AERES），法国国家评估委员会（CNE），是政府根据《高等教育法》建立的具有行政职能的专门组织，独立于教育行政管理部门之外，直接向总统负责，不强迫高等院校接受其意见，而只是找出大学运行机制不良的症结所在，并提出建议。英国的高等教育质量保证署（QAA），其成员主要来自于高校和社会专业人士。随着教育日趋国际化，加拿大、澳大利亚、芬兰等国家都积极成立了第三方教育评估机构，在此背景下，我国设立第三方教育评估机构不仅符合国际教育的发展趋势，更为参与学校教育质量评估的国际交流提供了广阔的平台。

三、管办评分离的政策发展

推进教育管办评分离，实质上是构建政府、学校、社会之间的新型格局，是全面深化教育领域综合改革、全面推进依法治教的必然要求，是进一步激发教育活力、去除教育行政化、破解教育痼疾、回归教育本真所采取的重大举措。随着我国教育体制改革的不断深化，政府、学校、社会三者关系已逐步理顺，但全国各地在推进教育管办评分离中政府管理教育中的越位、缺位、错位等现象依然存在，学校自主发展、自我约束机制尚不健全，社会参与教育治理的评价大多只停留在纸面上。面对这些问题，全国各试点地区在政府职能管理、学校自主治理和第三方评估等关键问题上积极探索。从2010年开始，管办评分离是我国教育领域综合改革提出并且强调的重点及难点问题，社会舆论呼唤良久，从政策的提出到政策实施路线的制定，管办评分离大概经历了以下五个阶段。

1. 推行“简政放权，权责明确”为主的政策探索

2010年7月，《国家中长期教育改革和发展规划纲要（2010—2020年）》（简称《教育规划纲要》）颁布，提出“推进中央向地方放权、政府向学校放权，明确各级政府责任，规范学校办学行为，促进管办评分离，形成政事分开、责权明确、统筹协调、规范有序的教育管理体制”，此文件初步提出了“管办评分离”，从而明确了建设现代学校制度、落实和扩大学校办学自主权、深化办学体制的改革思路。《教育规划纲要》颁布后，我国政府部门已取消国家重点学科审批，向地方和学校放权，标志着教育改革朝管办评分离的方向迈出了重要一步。

2. 从“管理”走向“治理”的理论创新，深化教育领域综合改革的政策部署

2013 年 11 月，党的十八届三中全会《中共中央关于全面深化改革若干重大问题的决定》明确指出：“全面深化改革的总目标是完善和发展中国特色社会主义制度，推进国家治理体系和治理能力现代化。”在教育治理方式上，要“深入推进管办评分离，扩大省级政府教育统筹权和学校办学自主权，完善学校内部治理结构。强化国家教育督导，委托社会组织开展教育评估监测”。党的十八大报告首次提出“管办评分离”这一概念，正式明确了管办评分离的教育改革发展战略。

3. 深化教育督导改革，建立三位一体的教育督导体系

2014 年 1 月，全国教育年会召开，时任教育部长袁贵仁对管办评分离做出了原则性阐释，主旨即“政府宏观管理，学校自主办学，社会广泛参与”。2014 年 2 月，国务院教督委会印发了《深化教育督导改革转变教育管理方式的意见》(以下简称《意见》)，要求“深化教育综合改革，转变教育管理方式，建设服务型政府，要理顺政府、学校和社会的关系，深入推进管办评分离”。政府既要切实履行教育统筹规划、制度设计和政策引导职责，也要加强教育监督、指导和服务。总体思路是要“形成督政、督学、评估监测三位一体的教育督导体系”。

4. 提出管办评分离的要求，构建政府、学校和社会之间的运行机制

2015 年 5 月，教育部印发了《关于深入推进教育管办评分离 促进政府职能转变的若干意见》，作为深入推进管办评分离的纲领性指导文件，标志着国家为实现教育治理体系和教育治理能力现代化所做的重大决心和努力，目的是为了加快推进教育管办评分离、促进政府职能转变，厘清政府、学校、社会之间权责关系，构建三者之间良性互动机制。2017 年 1 月，国务院印发《国家教育事业发展“十三五”规划》，提出到 2020 年“基本实现管办评分离，形成政府依法管理、学校依法自主办学、社会各界依法参与和监督的格局，教育治理体系和治理能力现代化水平明显提升”。

5. 发布深化教育评价改革的行动纲领，确定教育评价的实施路径

教育评价是教育教学工作的“指挥棒”，是现代教育治理的重要环节。2020 年 9 月，习近平总书记在教育文化卫生体育领域专家代表座谈会上强调，要抓好深化新时代教育评价改革总体方案出台和落实落地，构建符合中

国实际、具有世界水平的评价体系。2020 年，中共中央、国务院印发的《深化新时代教育评价改革总体方案》对教育评价改革进行了系统部署，共设计了 5 个方面 22 项改革任务，并提出要“加强专业化建设。构建政府、学校、社会等多元参与的评价体系，建立健全教育督导部门统一负责的教育评估监测机制，发挥专业机构和社会组织作用”等意见。这为新时代教育评价改革提供了根本遵循和行动蓝图。

管办评是一个有机整体，管是基础，办是核心，评是导向。随着管办评分离改革的推进，加强中立性、专业性和非营利性教育评估机构建设，是保障教育质量的重要手段。从“管办评分离”的政策发展历程来看，目前关于“管办评分离”政策的焦点是政府简政放权，扩大省级政府教育统筹权，落实学校办学自主权，推进现代学校制度建设，引入第三方评价等，但同时，从政策的发展历程看，目前从中央到地方尚未出台系统的统筹性文件，陆续出台的政策都只是针对细节的具体文件，政策呈现碎片化或补丁式。“管办评”涉及教育过程的方方面面，因此凡是与管理、办学和评价相关的改革政策都能归类于“管办评分离”，使得“管办评分离”概念泛化，难免出现各政策间互相干扰的现象，再则是针对“管办评分离”的相关政策散落在其他文件中，“管办评”改革联动性不足，协同性不够，出台的政策尚未触动根本利益等方面的问题。①

第二节　管办评分离的本质内涵及推进思路

《中共中央关于全面深化改革若干重大问题的决定》明确了教育变革的三大方向：管，由国家和省级政府主要负责教育督导；办，交给学校办学自主权；评，委托专业评估机构开展教育评估监测。管办评分离是教育领域综合改革中最具全局影响的变革，要求转变全能型政府的职能模式，形成政事分开、权责明确、统筹协调、规范有序的现代公共服务政府教育管理体制，最终目

① 高兵，杨小敏，雷虹．管办评分离的本质探析与实现路径［J］．教育评论，2015（3）：7-9.

的是构建“政府管教育、学校办教育、社会评教育”的教育发展新格局。

一、管办评分离的内涵

管办评是一个整体工程，实行教育管办评分离改革是要将以往的科层制的政权体系打破，取而代之的是，政府为高校自身发展和社会机构参与办学创造必要条件，“政府负责监管学校自主办学能力和自我管理过程，提高第三方教育评估机构的参与热情，以此促进教育事业的进一步发展”[①]。顾名思义，“管”即是管理、管束，随着“治理”理念在公共管理学科的引入，“管”的本质在这个整体中应理解为“治理”，对学校而言，主要是强调学校自我管理，或者保障学校的办学自主权。“办”是办学、开办、举办。办学在“管办评分离”综合改革中处于核心地位，学校是教育的细胞，学校的办学直接影响着教育质量的提高，教育改革只有落实到学校层面，体现在教师和学生上，才能办出人民满意的教育。“评”是评价、评估、评审。评价在“管办评分离”综合改革中也处于十分重要的位置，评是导向，是改革的指挥棒。评价是对政府和教育行政部门履行管理职能的监督，同时也是对学校规范管理和办学水平的监督，评价结果的反馈，有助于提升政府的管理水平和学校的办学效果。管办评分离指的是我国教育体系中政府的行政管理权、学校的自主办学权以及社会机构的教育评价权这三个职权的相对分离。[②]这种模式并不只是对三大主体进行职能上的分离，也是改变以往政府统包统揽的教育管理模式，重构政府、学校和社会之间的关系，形成政府依法管理，学校依法自主办学和社会评估机构依法参与评价的新型教育治理格局，实现政府、学校和社会评估机构之间各司其事、各尽其责，既相互分离又相互协作的教育治理体系。[③]

二、管办评分离的三大要素

管办评分离的改革核心是依法治理教育，促使教育走向全面的依法治

① 周海涛 . 高等教育“管办评分离”改革的缘由与路径［J］. 国家行政学院学报，2017（3）：3–8.

② 李嫣 . 基于管办评分离的高等教育协同治理研究［D］. 沈阳：长春工业大学，2019：10.

③ 杨亚伟 . 教育治理现代化进程中基础教育管办评分离改革研究［D］. 河南：郑州大学，2019：10.

教、依法办学新时代，在具体的制度设计上要做到明晰教育监管、自主办学、专业评价三者的责权利关系。[①]具体包含以下三个要素。

1. 政府宏观管理

北京师范大学褚宏启教授认为管的主体是政府，具体来说，主要是由教育行政部门承担实施教育管理的职能。政府宏观管理主要围绕推进依法行政，对形成政事分开、权责明确、统筹协调、规范有序的教育管理体制提出了具体要求，并通过法律、法规、标准、财政、信息服务等事中或事后监管以及必要的行政手段来引导和支持学校发展。这里的“政府”，不仅包括地方各级人民政府，还包括中央政府；既包括教育行政部门，还包括各教育相关部门，如人力资源和社会保障、财政、物价、交通等部门。主要体现在两个方面：一是中央向地方政府放权，将工作重心集中到加强宏观管理和科学规划上，加快国家教育基本标准建设，把本该属于地方政府的办学和管理权限下放给地方政府；二是地方政府向学校放权，赋予学校更多的办学自主权，同时加强宏观管理，在学校之间、地区之间进行统筹、规划、协调，并保障公共服务支出。[②]

2. 学校自主办学

学校必须具备自主办学能力，这是政府宏观管理的前提。学校自主办学的能力主要集中体现在使人、财、物、信息等各种教育教学资源普遍发挥最大效用，实现自我管理、自我约束、自我发展。同时，学校内部也应该按照简政放权的原理进行各层级的管理，包括学校对中层、教师对班级和学生的管理也能做到管办分离，让学校教职工充分参与学校办学。

3. 社会专业机构参与

社会专业机构参与着重社会资源的深度参与，以专业化和科学化的技术手段对学校办学的教育质量进行评价，对教育成果进行检验，对教育决策进行监督。但社会广泛参与，并不是说社会是“评”的主体，这种说法并不准确。这是因为，教育事业的改革发展涉及众多政府部门，并不仅仅涉及教

① 马得清．教育“管办评分离”怎样才能做到位？［EB/OL］．(2015-05-12)［2023-02-10］．http://www.jyb.cn/opinion/pgypl/201505/t20150512_621993.html.

② 何秀超．教育督导推进教育“管办评”分离的思考［J］．教育研究，2019（2）：124-130.

育部门一家，完全依托社会第三方对教育进行评价，难以确保教育事业优先发展的地位，甚至难以形成对学校有效的督促和指导。因此，“评”的主体，需要由教育督导统筹组织，以专业第三方机构为主，社会广泛参与。①

管办评分离是行政权力、学校办学机构以及社会资源三者联动融合的一个过程，利用教育内外部各种有利条件、资源环境，共同致力于实现教育的目标。2015 年，教育部发布的《关于深入推进教育管办评分离 促进政府职能转变的若干意见》中对管办评三者做了具体的要求，如图 1-1 所示。“管”主要围绕推进依法行政，对形成政事分开、权责明确、统筹协调、规范有序的教育管理体制提出了具体要求；“办”主要围绕推进政校分开，对建设依法办学、自主管理、民主监督、社会参与的现代学校制度提出了具体要求；“评”则围绕推进依法评价，对建立科学、规范、公正的教育评价制度提出了具体要求。三者各司其职，又相互联系。

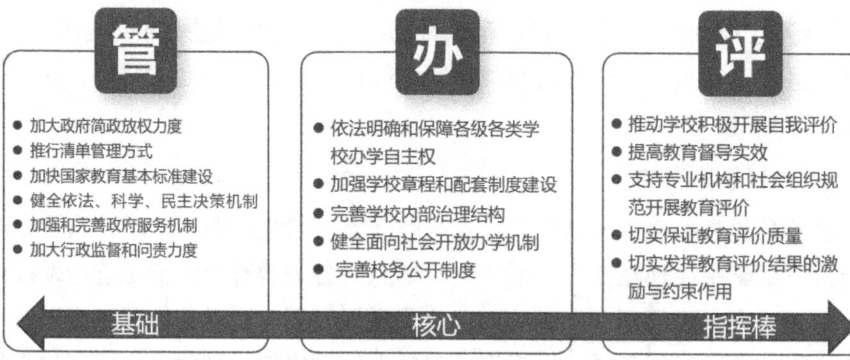

图 1-1　管办评三者之间的关系

三、管办评分离的推进思路

我国各级政府和学校仍比较习惯于发令和受令的管理模式，加之第三方教育评估机构起步晚、发育尚不成熟、公信力欠佳，因此，对如何推进管办评分离，各级党委、政府、教育行政部门及学校必须从主体、事权、权责等方面处理好各自的关系。

① 何秀超．教育督导推进教育“管办评”分离的思考［J］．教育研究，2019（2）：124-130.

1. 明确管办评所涉及的主体

管办评分离是社会良性互动协同发展的教育治理格局，而不是垂直的线上线下的指令系统，这就要求政府、学校和专业评估机构三方要明晰自身的权利和作用。管评分离旨在明晰“管”的治理主体依法实施“评”，但是“评”在“管与办的互动中保持相对独立，成为教育治理体系的重要方面”。政府是监管的主体，“政府管”发挥的是依法监管的功能，着力于宏观协调；学校是组织开展教育活动的主体，“学校办”指的是依法办学、自主管理、民主监督，进行自我评价和接受社会评价；评估机构是提供专业化服务的主体，“社会评”是依法评价，建立科学、规范、工作的教育评价制度，以专业化、技术化的方式对学校教育质量进行客观公正的监测。

2. 突出管办评的法定责任和义务

管办评分离在实施过程中首先应突出法定主体的责任和义务。政府“依法行政，简政放权”不是剥夺了政府的行政权力，而是让政府的行政行为回归到法治的轨道中，进而保障教育行政行为依法有效，提升治理教育能力。同时，建立教育行政权力清单和责任清单制度，明确什么该做，什么不该做，把办学自主权还给学校，减少对学校办学行为的干预，依法制定行业的资格准入、业务指导和监督管理制度，大力培育专业教育服务机构，释放教育活力。其次，管办评分离的改革，学校实行依法自主办学，并不是让办学自主权走向绝对化，而是要让学校在法律监管的范围内合法地从事教育教学和教育改革活动。科学的社会评价能改变政府一边监管一边自己评价自己和学校的方式，社会“评”要做到独立性、随机性和非功利性，既不受教育行政部门干预，也不受被评估学校的公关和利用。

3. 规划管办评分离的实现

规划管办评分离实现的关键在于国家制定切实可行的顶层设计、政策保障和反馈提高制度。管办评各利益主体之间必须要形成一个良性的系统体系，政府要有简政放权的决心，有监督和服务教育实施和评估机构；学校依法依规办学，完善内部治理结构，提高教育质量；评估组织具有专业的评价队伍、科学的评价方式以及独立的评价组织流程。同时，管办评在实践过程中，应不断及时总结提炼其运行规律、经验和做法，在渐进式的反馈和持续的调整过程中，发展和完善管办评分离机制。加强第三方评估机构建设是深入推进教育管办评分离的前提条件。近几年来，教育评估工作作为保障和提高教育质量的重要手段，越来越得到政府、各级各类办学机构和社会的高度重视和广泛关注。但是因为第三方评估机构的缺位，很多时候教育行政部门“既是运动员又是裁判员”，其公平公正性备受质疑。政府治理模式下的管评分离重在解决教育行政部门“管”“办”“评”三种权力集中的问题，同时构造符合决策、执行和监督三权相互制约又相互协调为组织原则的政府治理架构。2020年，中共中央、国务院印发了《深化新时代教育评价改革总体方案》，这是新中国第一份关于教育评价系统性改革的纲领性文件，提出“构建政府、学校、社会等多元参与的评价体系，建立健全教育督导部门统一负责的教育评估监测机制，发挥专业机构和社会组织作用”，为深化新时代教育评价改革指明了方向、提供了根本遵循。

第二章
管办评分离背景下的第三方教育评估

第一节 第三方教育评估

一、第三方教育评估的背景

1. 第三方及第三方教育评估

“第三方”是一个相对概念，通常用于描述在某一特定场景或领域中，独立于直接利益相关方的第三个参与主体，也就是我们熟知的如中间人、协调机构或司法机构等个人或机构。它既可以是一个正式的专业机构，也可以是非专业机构。著名学者教授伯顿·克拉克（Burton R. Clark）在《高等教育系统——学术组织的跨国研究》中指出各国高等教育系统呈现出国家、专业和市场三角的协调模式。[①] 在教育评价中按照评价的主体分为：国家（政府部门）称为“第一方”；把专业（高校）称为“第二方”；把市场（社会组

① 克拉克．高等教育系统：学术组织的跨国研究［M］．王承绪，等译．杭州：杭州大学出版社，1994.

织）称为“第三方”。

“第三方教育评估”这个词自 20 世纪 90 年代传入中国并开展学理研讨。在国外，第三方是独立的组织，多数情况下是由非政府组织，如专业的评估机构或研究机构充当。在我国教育研究领域上，第三方教育评估也可以称为第三方教育评价，两者意思一致，只是表述不同。第一方和第二方均属于教育系统的内部评价，而第三方则独立于教育行政系统之外的外部评价，与第一方和第二方既无行政隶属关系，也无利益牵连。因此，教育第三方评估主要是指独立于学校和政府教育管理部门之外的，具有教育评估资质的机构或组织，对学校的办学资格、教育教学水平等方面进行的评价活动。第三方教育评估组织开展的评估活动往往是以接受业务委托的方式进行，评估的方式通过专业化工具完成评价内容的选取、评估指标设定、数据采集及处理、数据结果分析等活动，提高评价标准的全面性、评估技术的先进性、评估过程的科学性以及评估结果的准确性。评估结果为委托人做出科学、合理的决策提供依据。

2. 第三方教育评估的政策发展

近十多年来，我国高度重视第三方教育评估工作，深入推进教育评估制度改革，第三方教育评估政策发展也经历了从认识深化到表述精准再到制度设计更加完备的过程。归纳起来主要经历了以下四个阶段。

（1）政策初期。从 2000 年初开始，我国逐渐意识到传统的教育评估体系存在一定的局限性，开始探讨引入第三方教育评估机构。在这一阶段，各地政府和教育部门主要了解国际上的教育评估理念和实践，探索如何将第三方教育评估融入中国的教育体系中，并开展了一些政策尝试。如 2002 年 6 月，科技部、教育部联合印发了《关于充分发挥高等学校科技创新作用的若干意见》，强调“要逐步培育和依托社会中介组织开展评价活动，建立独立的社会化科研评价体系”。一些机构也开展了一些试点项目，如大学排名、学科排名、大学生就业调查、撰写质量报告等。这些尝试为我国第三方教育评估的发展积累了宝贵经验。在政策初期阶段，我国借鉴国外先进的教育评估模式与经验，建立了一批由教育部或省级政府主导的教育评估机构，国家级教育评估机构以 2004 年教育部成立的高等教育教学评估中心为代表，这也是我国高等教育评估走向规范化和专业化的重要标志之一，如上海、云南、江苏、辽宁等省也相继成立了事业单位性质的教育评估院和民办非企业单位类型的教育评估机构，服务当地教育评估业务。

（2）政策明确期。2010 年 7 月，国务院发布的《国家中长期教育改革和发展规划纲要（2010—2020 年）》明确提出："推进专业评价。鼓励专门机构和社会中介机构对高等学校学科、专业、课程等水平和质量进行评估。建立科学、规范的评估制度。探索与国际高水平教育评估机构合作，形成中国特色学校评价模式。建立高等学校质量年度报告发布制度。"虽然没有使用"第三方"的概念，但是第三方评估机构得到政府态度清晰的鼓励和支持，要充分发挥社会力量承担相应的评估任务，发挥在教育评估中的作用。这一时期，北京等地开始委托第三方的财务公司邀请包括教育、管理、财务等方面的专业人士对教育经费使用进行事前、事中、事后评估，并在全国多地推广，这类评估的主体虽是财政经费，却与教育直接相关。

（3）政策深化期。伴随着国家简政放权、放管结合和优化服务的改革，教育全面深化改革也如火如荼地开展起来。2013 年 11 月，《中共中央关于全面深化改革若干重大问题的决定》提出"深入推进管、办、评分离，扩大省级政府教育统筹权和学校办学自主权，完善学校内部治理结构，强化国家教育督导，委托社会组织开展教育评估监测"。2015 年 5 月，教育部下发《关于深入推进教育管办评分离促进政府职能转变的若干意见》，明确部署构建"政府管教育、学校办教育、社会评教育"的格局。2015 年 10 月，国务院《统筹推进世界一流大学和一流学科建设总体方案》指出建立健全绩效评价机制，积极采用第三方评价，提高科学性和公信度。2015 年 12 月，修订通过的《中华人民共和国高等教育法》增加了"教育行政部门负责组织专家或者委托第三方专业机构对高等学校的办学水平、效益和教育质量进行评估，评估结果应当向社会公开"的条文，说明发展第三方评价已经成为高等教育界的共识，也有了法律依据。2016 年 12 月，国务院印发《关于鼓励社会力量兴办教育促进民办教育健康发展的若干意见》，提出"大力推进管办评分离，建立民办学校第三方质量认证和评估制度"。这一时期教育第三方评估机构的数量增长出现峰值，其中增长最快的是民办非企业单位和企业这两种类型的第三方评估机构。

（4）政策细化期。2017 年 3 月，教育部等五部门印发《关于深化高等教育领域简政放权放管结合优化服务改革的若干意见》，提到要深入推进管办评分离，通过完善行政执法、督导、巡视、第三方评估等加强事中事后监管。2017 年 9 月，中共中央办公厅、国务院办公厅印发《关于深化教育体制机制改革的意见》进一步明确强调："健全第三方评价机制，增强评价的专业性、独立性和客观性。"2019 年 2 月，中共中央、国务院印发的《中国教育现代化 2035》指出，"推动社会参与教育治理常态化，建立健全社会参与学校管理和教育评价监管机制"①，对第三方提出更高要求。2020 年 10 月，中共中央、国务院印发《深化新时代教育评价改革总体方案》，明确了要构建政府、学校、社会等多元参与的评价体系，建立健全教育督导部门统一负责的教育评估监测机制，发挥专业机构和社会组织作用。该文件是指导深化新时代教育评价改革的纲领性文件，并在学校评价、教师评价、学生评价、用人评价等方面提出改革措施、明确实施路径。

从政策初期的探索与尝试，到政策明确、深化与细化，我国的第三方教育评估政策发展经历了一个逐步完善的过程（见表 2–1）。在各个阶段，政府不断完善相关政策法规，明确第三方教育评估的地位和作用，为第三方教育评估机构的发展提供了有力保障。这些政策的出台，有助于推动我国教育评价改革的深入进行，促进教育质量的提高和教育公平的实现。

表 2–1　第三方教育评估政策发展及相关表述

阶段	政策印发时间	印发机关	文件名称	相关表述
政策初期	2002 年 6 月	科技部、教育部	《关于充分发挥高等学校科技创新作用的若干意见》	要逐步培育和依托社会中介组织开展评价活动，建立独立的社会化科研评价体系
政策明确期	2010 年 7 月	国务院	《国家中长期教育改革和发展规划纲要（2010—2020 年）》	推进专业评价。鼓励专门机构和社会中介机构对高等学校学科、专业、课程等水平和质量进行评估。建立科学、规范的评估制度。探索与国际高水平教育评估机构合作，形成中国特色学校评价模式。建立高等学校质量年度报告发布制度

① 中共中央，国务院 . 中国教育现代化 2035［EB/OL］.（2019–02–23）［2023–02–10］. http://www.gov.cn/zhengce/ 2019–02/23/content_5367987.htm.

续上表

阶段	政策印发时间	印发机关	文件名称	相关表述
政策深化期	2013 年 11 月	中共中央	《中共中央关于全面深化改革若干重大问题的决定》	强化国家教育督导，委托社会组织开展教育评估监测
	2015 年 5 月	教育部	《关于深入推进教育管办评分离促进政府职能转变的若干意见》	大力培育专业教育服务机构，整合教育质量监测评估机构。扩大行业协会、专业学会、基金会等各类社会组织参与教育评价
	2015 年 10 月	国务院	《统筹推进世界一流大学和一流学科建设总体方案》	建立健全绩效评价机制，积极采用第三方评价，提高科学性和公信度
	2015 年 12 月	第十二届全国人民代表大会常务委员会第十八次会议	《中华人民共和国高等教育法》	教育行政部门负责组织专家或者委托第三方专业机构对高等学校的办学水平、效益和教育质量进行评估，评估结果应当向社会公开
	2016 年 12 月	国务院	《关于鼓励社会力量兴办教育促进民办教育健康发展的若干意见》	大力推进管办评分离，建立民办学校第三方质量认证和评估制度
政策细化期	2017 年 3 月	教育部等五部门	《关于深化高等教育领域简政放权放管结合优化服务改革的若干意见》	要深入推进管办评分离，通过完善行政执法、督导、巡视、第三方评估等加强事中事后监管
	2017 年 9 月	中共中央办公厅、国务院办公厅	《关于深化教育体制机制改革的意见》	健全第三方评价机制，增强评价的专业性、独立性和客观性
	2019 年 2 月	中共中央、国务院	《中国教育现代化 2035》	推动社会参与教育治理常态化，建立健全社会参与学校管理和教育评价监管机制
	2020 年 10 月	中共中央、国务院	《深化新时代教育评价改革总体方案》	明确了要构建政府、学校、社会等多元参与的评价体系，建立健全教育督导部门统一负责的教育评估监测机制，发挥专业机构和社会组织作用

续上表

阶段	政策印发时间	印发机关	文件名称	相关表述
政策细化期	2021 年 8 月	教育部，财政部	《教育部 财政部关于实施职业院校教师素质提高计划（2021—2025 年）的通知》	要积极完善政府、行业、企业、职业院校等共同参与的质量评价机制，支持第三方机构开展评估
	2022 年 4 月	第十三届全国人民代表大会常务委员会	《中华人民共和国职业教育法》	组织或委托行业组织、企业、第三方专业机构对职业学校办学质量进行评估

二、第三方教育评估的特点

在国外，第三方教育评估组织是真正独立于政府和教育行政部门的第三方或者相关的独立组织，如：英国的高等教育质量保证署是独立的高等教育评估机构，法国国家评估委员会是总统控制的独立于教育行政管理部门之外的评估机构，日本的全国学位和大学评价协会、大学基准学协会、短期大学基准协会、私立大学联盟、私立大学协会等被《学校教育法》规定为第三者评估机构。第三方评估与第一方、第二方评估相比，具有自己独特的优势，除了人们常说的多元性、权威性和契约性外，还具有独立性、专业性和公正性的特点。

1. 独立性

独立性是指从事开展教育评估的第三方评估组织“在资源或制度层面不依赖其他组织”，主要强调涉及“制度化的、相对于政府、学校的分离”。第三方教育评估组织的独立性主要体现在组织形式上的独立性、经济关系上的独立性、评估过程的独立性以及评估结果的独立性四个方面。[①] 首先，组织形式上的独立性主要是指第三方教育评估组织是独立于被评估对象之外的，不依赖学校和政府行政部门，与被评对象不存在隶属或直接的利益关系，它们独立组织评估，独立分析评估问题，撰写评估报告。如果第三方教育评估组织是政府机构的附属机构，势必会受到政府行政因素的干预，从而造成只听从政府的指令而影响独立判断能力。同理，第三方教育评估组织如果依附于学校的发展，那评估组织的公允性也会受到影响，甚至第三方教育评估组

① 李志军．第三方评估理论与方法［M］．北京：中国发展出版社，2016：5.

织会沦为学校实现利益最大化的工具。其次，经济关系的独立性。经济关系上的独立性是指第三方教育评估组织的机构经费有独立的经费来源，在人力、财力和物力上不受约束，评估工作人员独立于相关利益机构，与利益机构不产生经费往来。再则，第三方教育评估过程的独立性是指第三方教育评估组织应是教育行业冷静的旁观者，在评估过程中应不受任何一方干扰，独立地实施评估活动，并对所提供的评估信息负责。评估过程应该客观、公正、透明。评估结果应该明确、具体、可操作，同时也为被评估机构提供有效的改进建议。

2. 专业性

第三方教育评估机构是专业的机构或组织，主要负责对教育机构、课程和教学质量进行评估。专业的服务是第三方教育评估的推进器，是第三方评估生存和发展的根本保障。经得起检验的专业力量，通过不断证实自身存在有利于人的成长发展，有利于减轻学业负担，有利于家庭决策，有利于学校发展。第三方教育评估组织要想能在社会和市场上获得赞誉和认可，其专业性不仅体现在先进的评估理念、强有力的技术支持和完善的制度保障，更需要技术过硬的专业人员的参与。其专业性重点体现在专业人员、评估方法、评估标准、评估报告等四大方面。

在专业人员方面，专业的评估队伍，其业务素质、专业能力和知识结构除了是行业内的佼佼者，还要熟悉教育发展规律，能够将评估理论、评估技术以及评估方法运用到评估实践中去，对评估过程可能遇到的问题进行科学的部署并提供解决方案。在评估方法方面，第三方教育评估机构需要根据被评估机构的不同类型和特殊情况，采用不同的评估方法，包括问卷调查、实地访谈、观察评估、文献资料收集、数据分析等多种方法，确保评估过程的客观性和科学性。在评估标准方面，第三方教育评估机构需要根据不同的评估对象，制定相应的评估标准和指标体系，包括教学质量、师资力量、学生评价、教学资源等多个方面的指标，同时也应该根据不同的评估对象和特殊情况，制定相应的标准和指标体系，确保评估结果的科学性和可比性。在评估报告方面，第三方教育评估机构需要根据评估结果，撰写评估报告。评估报告应该包含评估目的、评估方法、评估结果、评估结论和建议等内容，评估报告应具备科学性、可读性和可操作性，为被评估机构提供有效的改进建议。除此以外，第三方教育评估能对提升教育品质、建立良性教育生态发挥明显的作用，这是第三方教育评估能在专业领域站得住、扎下根的关键。

3. 公正性

第三方教育评估机构是独立于教育机构之外的机构，它们负责对学校、教师、课程等进行评估，以提高教育质量，并在推动教育改革方面发挥积极的作用。公正性是第三方教育评估机构的核心价值之一，也是它们得以赢得公众信任的重要原因之一。第三方教育评估的信任程度是以组织、制度、运作程序及评估结果的客观、公正为支撑，其公正性除了表现在第三方教育评估组织的独立性、专业性外，其透明度、反馈机制、公正性的保障等也是关键所在。在透明度方面，第三方教育评估机构的评估过程和结果应该是透明的，评估组织实施、评估制度、评估标准、评估项目的进展情况等情况，应以适当的形式向社会公众及相关利益主体公开说明。评估报告应该充分呈现评估结果和评估过程中的细节。在反馈机制方面，第三方教育评估的结果能受到被评主体、政府及教育行政部门、同行及社会公众认可，被采纳并及时采取改进措施以提高教育质量或为相关利益主体做出教育决策提供依据。在公正性保障方面，第三方教育评估机构应该建立公正性保障机制，以确保评估结果的公正性和客观性。例如，应该遵守一定的评估标准和程序，对评估工作人员进行培训和监督，并对评估过程进行质量控制和审查。

三、第三方教育评估的意义

随着教育改革的不断深入，教育治理体系和治理能力现代化命题的提出，政府管教育、学校办教育、社会评教育的“管办评分离”制度日益得到重视。第三方教育评估是一种独立于政府部门和被评估学校之外的教育评估方式，具有客观、公正、专业的特点，能为政府制定教育政策提供公平、客观的评估依据并及时了解政府有关教育政策贯彻落实情况，掌握实施效果，调整政策目标，改进政策措施。

1. 从治理角度看，第三方教育评估有助于提升政府的治理能力

首先，第三方教育评估机构独立于政府部门和被评估学校，具有较高的客观性。它们不受经费等方面的约束，能够对教育质量进行客观、公正的评估。第三方教育评估可以有效避免传统评估方式中的主观因素和利益冲突，从而避免政府在自我评估体系中既当运动员又当裁判员，提高评估结果的可信度。在简政放权、放管结合、优化服务、协同推进的大背景下，第三方教

育评估有利于明晰公权力边界，助推政府职能转变。既可以帮助政府减轻行政负担，向“小政府、大社会”有效转型，又能最大化地实现政府对自身的监督与促进。同时，借助第三方教育评估机构的研究力量，教育行政部门可以拓展视野，从系统外看政策执行情况，结合有关理论，发现新问题，寻找新思路，提高政府正确履行职责的能力和水平。①

2. 从社会分工看，第三方教育评估有助于政策举措落到实处

社会分工的复杂性和细化度决定着政府日常管理的复杂化，面对管理对象的复杂性和管理领域的精细化和宽领域，政府想要实现宏观管理的精准施策，必须借助专业化的综合服务，在教育领域，专业化的教育评估服务是其中重要的一种类型。随着教育事业的深入发展，教育改革不断推进，教育领域的思考和实践呈现出精细化和深层次的特点，如“双减”政策、集团化办学、教育优质均衡发展、推进乡村振兴教育、“双一流”建设、教育数字化等给教育教学方式带来了多样化的变革。好的政策只有落到实处，才会最终变成民生福祉。从社会分工的角度来看，引入第三方教育评估，将现有的评估活动从教育行政与管理系统中剥离出来，交由完全独立、专业的第三方评估机构来实施，将能大大提高评估工作的效率。第三方教育评估的独立性和技术性，为提高制度落实的效果提供制度性支撑，为政府制定教育政策提供公平、客观的评估依据。

3. 从现实需求看，第三方教育评估更能满足大众的需求

从满足公众的角度来看，第三方教育评估可以客观地评估学校和学生的学习成果，避免政治和地域因素对教育评估的影响，从而保障教育公平。此外，第三方教育评估机构通常会与政府和学校合作，通过公开的评估过程，增加评估的公正性和透明度。从满足学生和家长角度来看，第三方教育评估能够全面、科学地评估学校和教师的教学质量和学生的学习成果，发现和解决教学中存在的问题，从而提高教育质量。同时，第三方评估机构还可以为学校提供专业的咨询和培训服务，帮助学校提升教学水平。从国际化接轨的角度来看，第三方教育评估将国际先进的教育理念和评估标准引入我国教育中，促进教育国际化。这有助于提高学生的国际竞争力和拓展全球视野，满足公众对于国际化教育的需求。

① 李志军．第三方评估理论与方法［M］．北京：中国发展出版社，2016：6.

4. 从作用发挥看，第三方教育评估能使评估的功能得到更充分的发挥

教育评估从实施开始，就被教育管理者赋予了诸多功能，如有鉴定功能、导向功能、激励功能、诊断功能、调节功能、监督功能、管理功能及教育功能等。但教育评价的功能在实践过程受到诸多制约，难以完全发挥出来。主要表现在评估标准不够科学、教育评价方式比较单一、评估过程不够透明、评估结果未得到充分利用等。在现有的条件下，有些评估易受到各种利益和影响的干扰，导致评价结果的可信度和公信力不高，这大大削弱了评估功能。第三方教育评估作为外部力量，它能得到评价对象的重视，将学校直接推向市场，其具有的独立性、专业性和公正性等优势，能够使评估的功能得到更充分的发挥。

第二节　第三方教育评估的基本问题

一、第三方教育评估的模式类型

第三方教育评估机构在教育领域起到了重要的作用，通过对教育项目、计划、政策和课程客观、公正、专业的评估，推动教育质量的提升和教育事业的发展。当前，我国第三方教育评估机构按照评估主体的不同，分为自评和他评两种，自评是学校或其他被评估对象的自我评估，重点是教育质量的过程监控；他评从组织性质分类的角度可分为政府主导的教育评估机构、行业协会主导的教育评估机构、商业组织的教育评估机构三类。

1. 政府主导的教育评估机构

政府主导的教育评估机构一般由政府筹划成立，并予以资金支持，它独立于政府，但又没有完全脱离政府的主管，以接受政府部门的委托为主要业务的组织机构，因此具有半官方性质。此类型机构的评估流程、评估标准和专家遴选都有相关的规章制度约束并独立运行，政府不能在具体评估过程中横加干涉，在教育评估领域起到了关键性的作用，并具有较强的权威性、公信力和政策导向性，有助于提升教育领域的公众信任和满意度。

根据设立和运行方式，政府主导的评估机构类型有两种，一是教育主管部门设立的事业单位。这类评估机构具有独立法人资格，主要负责国家或区域内的教育评估业务，探索教育评估体系，开展教育评估领域研究，确保教育质量的提升和教育改革的推进。这类机构有教育部教育质量评估中心（前身为教育部高等教育教学评估中心）和各省市设置的相关机构，如上海市教育评估院、江苏省教育评估院以及北京、辽宁、广东、云南、四川、山东、江西、湖北、福建、陕西等省成立的教育评估机构。二是专业委员会。专业委员会通常是在政府的指导下，由高校、研究机构等学术团队组成，专注于从学术角度对教育质量进行评估和研究。这类评估机构在教育理论、评估方法等方面具有较强的研究背景和实力，其评估结果在学术界具有较高的认可度，代表机构有中国教育学会基础教育评价专业委员会、中国教育发展战略学会教育评价专业委员会等，它们开展教育评价科学研究、教育评价改革实验、推广教育评价成果以及开展有关教育评价专业服务活动。

2. 行业协会主导的教育评估机构

行业协会主导的教育评估机构一般由教育领域的专家、学者或从业人员筹划成立，其经费来源多样，有来自会员缴纳的会费、企业和个人捐赠、政府拨款、培训和咨询服务收入等。行业协会主导的教育评估机构主要从行业角度对教育质量进行评估，制定行业内的评估标准和方法，为教育行业从业者提供专业指导和支持，评估标准和方法具有行业内的权威性。机构通常以服务行业为主要目标，致力于推动行业发展，服务对象主要包括协会或组织内的会员单位、教育行业从业者、教育机构等。如上海市教育评估协会、广东省教育评估协会等。

3. 商业组织的教育评估机构

商业组织的教育评估机构是指以营利为目的，为学校、培训机构、教育政策制定者等提供教育评估服务的组织。这类评估机构的主要任务是利用专业知识和技能，为客户提供高质量的教育评估服务，帮助他们提高教育质量、优化教育资源配置、制定更有效的教育政策等。商业组织的教育评估机构的基本特点主要体现在营利性、专业性、客户导向以及灵活性等方面。

商业组织的教育评估机构提供的服务内容多样，主要有教育质量评估、教育项目评估、教育政策评估、教育市场研究、咨询服务等。但是因为商业组织的教育评估机构在提供教育评估服务的过程中是以营利为目的的，所以有时可能出现评估结果受到商业利益驱动的影响，从而影响评估的客观性。另外，与非营利性质的评估机构相比，商业组织的教育评估机构的服务通常需要收费，这可能导致部分学校和教育机构因成本问题无法享受到高质量的评估服务。

二、第三方教育评估的组成要素

第三方教育评估是一种有系统、客观、专业的评估方法，它是为了评估教育机构、教育项目和个人学习成果的质量和效果而进行的。一个完整的第三方教育评估通常由多个构成要素组成。比如：评估的主体（谁来评），评估的客体（为谁评），评估的原因（为什么评），评估的内容（评什么），评估的原则、依据、标准、程序及技术（怎么评），评估的时间（什么时候评），等等。这些构成要素相互关联，共同完成评估的任务。

1. 评估主体

评估主体是指参与评估活动的组织与实施，按照评估标准对评估客体进校评估活动的组织或个人，也就是那些负责收集、分析数据和提供评估结果的实体。在我国，教育评估的主体呈现多元化的趋势，随着政府评估、社会评估和学校自我评估的发展，评估主体逐步由政府的教育行政部门下属的事业单位拓展到社会中介机构、行业组织、用人单位、学术组织等。这些评估主体根据其角色、能力和目的可能会采用不同的评估方法和工具。但无论评估主体是谁，其核心目的都是为了提供有关教育活动或策略的客观、系统的反馈和建议，以指导决策和促进持续改进。

2. 评估客体

评估客体是指教育评估的对象和评估的范围，是第三方教育评估的重要组成部分，决定了评估工作的具体内容和深度。评估的对象从大的方面包含教育机构、教育项目、教育政策等，评估范围包括教育质量、教学效果、教师素质、管理水平、学生满意度、社会影响等。

3. 评估标准

评估标准是教育评估机构的核心内容，直接决定了评估结果的准确性和有效性。评估标准应该具有科学性、公正性、可操作性和可比性等特点，能够反映出被评估对象的真实情况。评估标准或来自于国家、地区，或是行业协会的标准，或是由评估机构自己制定的标准，或包括教学质量、教学效果、教育资源、管理制度、师资力量等多个方面。指标要素主要有：

（1）输入指标。主要关注评估对象的资源投入情况，如财务支持、人力资源、设施设备等，这些指标有助于了解评估对象的基础条件和实施环境。

（2）过程指标。主要关注评估对象的实施过程，如教学活动、课程设计、教师培训等，这些指标有助于了解评估对象的具体操作和管理情况。

（3）产出指标。主要关注评估对象的直接结果，如学生成绩、毕业率、就业率等，这些指标有助于了解评估对象的短期成果和影响。

（4）效果指标。主要关注评估对象的长期影响，如学生发展水平、社会效益等，这些指标有助于了解评估对象的持续作用和价值。

4. 评估目的

评估的目的是对某个项目、计划、政策或组织进行系统性分析和审查，以了解其绩效、效果和影响。通过评估的目的，提供关于项目或活动在各个方面有效性的信息，以帮助决策者做出更明智的决策。在教育领域，教育评估的目的是针对特定项目、计划、政策或课程进行系统性分析和审查。教育评估的目的是收集有关教育实践在不同方面有效性的信息，为教育工作者、决策者和利益相关者提供更好的决策支持。教育评估的目的在于提高教育质量、促进教育创新、增强问责和透明度、支持决策和资源分配，以生成证据和知识，为教育领域的持续发展和改进提供支持。因此，评估目的在于全面了解和改善教育实践，确保教育系统的发展和提升，以最大限度地满足学生和社会的需求，并实现教育的社会效益和可持续发展。

5. 评估方法

评估方法是指用于进行第三方教育评估的具体技术和手段，评估方法的选择应该根据不同的评估需求、对象和资源等因素，来决定合适的方法和技术。通常来说，评估方法主要有三种：

（1）定性评估方法。定性评估方法主要关注对教育项目、计划、政策或课程的深入描述和理解，这些方法包括访谈、观察、案例研究、文献分析等。定性评估提供丰富的信息，有助于全面了解评估对象的实施过程和效果。

（2）定量评估方法。定量评估方法主要关注对教育项目、计划、政策或课程的量化分析，这些方法包括问卷调查、实验设计、大数据分析等。定量评估提供准确的数据，有助于客观评价评估对象的成效和影响。

（3）混合方法评估。混合方法评估结合了定性和定量评估方法，以便从不同角度对评估对象进行全面分析，这种评估方法可以弥补单一方法的不足，提供更为全面和有效的评估结果。

6. 数据收集与分析

数据收集与分析是指在教育评估过程中，通过各种方法获取和处理相关数据，以便对评估对象进行全面和准确的评价。数据收集方法包括问卷调查、访谈、观察、文献分析等。不同的数据收集方法适用于不同的评估目的和对象，需要根据具体情况进行选择和设计。而数据分析方法包括描述性统计、比较分析、关联分析、多元回归分析等。在分析方法选择方面，评估工作人员应根据收集到的数据类型和评估目的进行恰当选择。

7. 评估报告

评估报告是指在教育评估过程中撰写的详细文档，包括评估过程、结果和建议。评估报告应具有清晰的结构、逻辑性强且易于理解，其主要内容包括：

（1）评估背景。主要介绍评估的背景和目的，以及评估对象的相关信息。

（2）评估方法。主要描述评估过程中使用的数据收集和分析方法，以及评估指标和标准。

（3）评估结果。主要呈现评估的主要发现和结论，包括评估对象的优点和不足。

（4）评估建议。主要提出针对评估结果的改进措施和建议，以促进评估对象的持续发展和改进。

8. 评估结果

评估结果是对特定教育项目、计划、政策或课程进行系统分析和评价后得出的关于其质量和效果的综合结论。评估结果对于提高教育质量、支持决策、促进问责和透明度具有重要意义。为了更好地运用教育评估结果，需要建立有效的评估结果传递机制，确保评估结果能够及时、准确地传达给教育项目、计划、政策或课程的实施者和利益相关者。如通过组织评估结果汇报会议、发布评估报告、建立在线评估结果共享平台等方式实现。有效的评估结果传递机制有助于提高教育评估结果的透明度，增强利益相关者对评估过程和结果的信任度，从而提高评估结果的实际应用程度。

基于教育评估结果，教育项目、计划、政策或课程的实施者应制订具体的改进计划，包括改进目标、措施、时间表和责任人。改进计划应根据评估结果中指出的问题和不足进行制订，并确保其具有可操作性和针对性。通过定期检查、问题汇报、督导评估等方式加强对改进计划实施的监测和跟进。

三、第三方教育评估的基本原则

（一）独立性原则

1. 独立性原则的概念与意义

第三方教育评估的独立性原则是指由外部机构或人员独立于被评估教育机构之外进行的教育质量评估。在进行第三方教育评估时，评估机构应当遵循独立性原则，以保证评估结果的客观性和可信度，其具体体现为独立性的保障机制、评估工作人员的独立性、评估范围的确定以及评估报告的独立性等几个方面。评估工作人员在开展评估工作时应当保持独立的立场和观点，不受任何利益、关系和压力的影响。独立性原则是保证评估质量和有效性的基本保障。

2. 独立性原则的要求与实现

（1）评估机构应当独立于被评估教育机构。评估机构不应与被评估教育机构存在利益关系或亲属关系，以免出现利益冲突或偏见。评估机构应当遵循客观、公正、科学的原则，建立包括评估者的选择和任命、评估项目的设计和实施、数据采集和分析、报告编写和发布等环节的独立性保障机制，以确保评估过程的独立性。

（2）评估专家应当独立于被评估教育机构和评估机构。评估专家不应是被评估教育机构或评估机构的员工或合作伙伴，以保证评估结果的客观性和中立性。评估专家应当具备专业的知识、技能和经验，能够独立、全面地评估被评估教育机构的教学质量、管理水平、师资队伍、教育设施等方面，并提出准确、科学的评价意见。

（3）评估机构和评估专家应当独立于政府和其他利益相关者。政府或其他利益相关者不应对评估机构或评估工作人员施加压力或干扰，以保证评估结果的客观性和独立性。评估机构和评估工作人员应当根据事实和数据，从教育质量、教育公平等多个角度，客观、科学地评估被评估教育机构的实际情况，提出针对性的改进建议。

（二）客观性原则

1. 客观性原则的概念与意义

第三方教育评估的客观性原则是指评估过程应该客观、公正，避免主观臆断和偏见的干扰，以确保评估结果准确、规范。评估工作人员应该以事实和数据为依据，而不是以主观感觉、经验和个人偏见作为评估的标准。客观性原则的意义在于，只有客观的评估方法和技术才能够提高评估结果的科学性、公正性和可靠性，同时，客观的评估结果也能够更好地反映被评估对象的真实情况，为制定更科学的政策和决策提供有效的支撑。

2. 客观性原则的要求与实现

客观性原则的重点主要体现在评估过程和方法两个方面。

（1）采用科学的评估方法和技术。评估工作人员应该在评估开始前明确评估目的和范围，运用科学的评估标准、严谨的评估方法，通过采集真实可靠的数据来反映被评估机构存在的问题，以确保评估结果的客观性和准确性。

（2）保证数据的客观性和准确性。评估结果的客观性和准确性取决于所使用的数据的客观性和准确性。在数据收集方面，评估工作人员应该充分考虑数据来源、数据质量、数据可靠性等方面的问题，确保所使用的数据客观、准确、可靠。在数据分析方面，评估工作人员应该结合被评估对象的实际情况，采用合适的统计方法和技术，对数据进行分析和解释，确保分析结果客观、准确。

（3）坚持中立立场。评估工作人员在评估过程中应该坚持中立的立场，避免个人主观臆断和偏见的影响。评估工作人员应该以事实为基础，不受任何个人或组织的影响和干扰，采取客观、公正的态度进行评估，确保评估结果客观、准确、可靠。

（三）科学性原则

1. 科学性原则的概念与意义

科学性原则是评估的基础和前提，也是评估工作的重要指导原则之一。科学性原则是指教育评估必须基于科学的理论和方法，以科学的态度和方法论为基础进行评估。评估的科学性能确保评估结果的公正、客观、科学和有效性，为教育机构提供有益的改进方案和发展建议，推动教育质量的不断提升。

2. 科学性原则的要求与实现

（1）评估目的科学性原则。第三方教育评估应当从教育的本质出发，遵循教育质量提升和促进教育改革的目标，根据具体情况制定评估目的和评估指标。评估目的应当既符合被评估教育机构的需求，也符合社会的期望，不能片面追求评估指标的数量，而忽略教育质量的本质。

（2）评估对象科学性原则。第三方教育评估的对象应当是教育机构的教育质量，而非教育机构的经济效益。评估应当围绕教育机构的教学质量、师资队伍、教育设施、学生评价等方面展开，评估结果应当客观、全面、科学，并有针对性。

（3）评估标准科学性原则。第三方教育评估的评估标准应当符合教育发展的规律和特点，充分考虑教育的多元性、复杂性和个性化。评估标准应当具有科学性、实用性和可操作性，能够反映教育机构的真实情况和存在的问题，有利于教育机构的改进和发展。

（4）评估方法科学性原则。第三方教育评估的评估方法应当具有科学性和实用性，能够充分反映教育机构的教育质量和存在的问题。评估方法应当采用多种途径，包括问卷调查、面谈、观察等多种形式，综合分析和评估教育机构的教学质量、管理水平、师资队伍、教育设施等方面，确保评估结果的准确性和可信度。

（5）评估结果科学性原则。第三方教育评估的评估结果应当真实、准确、客观、公正，并且具有可比性。评估结果应当充分反映教育机构的教育质量和存在的问题，对教育机构提出具体、可行的改进和发展建议，为教育改革提供科学、有效的参考和依据。

（四）公正性原则

1. 公正性原则的概念与意义

第三方教育评估的公正性原则是指评估过程中应该公正、中立地对待被评估对象，以及评估结果应该公正地反映被评估对象的真实情况。公正性原则是第三方评估的核心原则之一，它涉及评估机构的独立性、评估工作人员的专业性和评估过程的公开性，是评估结果真实、客观、公正的重要保障。

因此，教育质量第三方评估要想获得社会的广泛认可，使自身能得以持续性发展，就必须确保评估的公正性。如果评估不公正，就会影响被评估对象的利益，同时也会降低评估的价值和影响力，影响评估结果的应用和效果。

2. 公正性原则的要求与实现

在教育质量第三方评估中，教育评估机构主要依据业务委托来开展评估活动，它存在的前提是良好的社会声誉，而声誉又建立在公正的基础上。因此，第三方教育评估机构应该建立一套公正、公开、透明的评估机制，确保评估过程和结果真实、客观、公正。第三方教育评估的公正性主要从评估过程的公开性和评估结果的公开性两个方面入手。

（1）评估过程的公开性。评估过程的公开性是确保评估结果公正的一个重要保障。评估过程应当公开透明，被评估机构应当积极配合评估工作，提供必要的信息和数据。评估机构应当及时向被评估机构公布评估的标准、程序、方法和时间安排，以确保评估过程的公开、公正。评估机构还应当充分听取被评估机构的意见和建议，保障被评估机构的合法权益。

（2）评估结果的公开性。评估结果的公开性是评估结果公正的最终保障。评估结果应当及时公布，并向被评估机构提供详细的评估报告和改进建议。评估报告应当真实、客观、全面，评估报告应当明确评估的目的、范围、标准、程序、方法和结果，以及评估工作人员的资质和经历。评估报告还应当指出被评估机构的优点和不足，提出改进建议和改进措施，帮助被评估机构全面了解自身的情况，促进其改进和发展。

第三节　第三方教育评估机制建设的理论基础

一、新公共管理理论

1. 新公共管理理论的产生及主要思想

新公共管理（New Public Management）是从 20 世纪 80 年代以来兴盛于美国等西方国家的一种新的公共行政理论和管理模式，也是近年来西方行政改革的主体指导思想之一，因流派较多，并没有形成一个统一的理论定义。其理论的代表人物有英国的克里斯托弗·胡德（Christopher Hood）、美国的戴维·奥斯本（David Osborne）和特德·盖布勒（Ted Gaebler）以及澳大利亚的欧文·E. 休斯（Owen E. Hughes）等。英国学者克里斯托弗·胡德是最早为公共管理改革运动进行理论概括的学者，他在 1990 年首次使用了“新公共管理”一词。新公共管理主张通过运用工商企业管理和经济学的理论，引入市场竞争机制，来提高公共部门的管理效率和质量，其核心思想是：在公共部门中引入竞争机制和私营企业的管理方法，按照“3E”[Economy（经济）、Efficiency（效率）、Effect（效果）] 的原则，实现公共物品供给的多元化，从而提高公共部门服务的效率和效果。政府的管理职能方面，在公共行政管理中政府应该只制定政策而不是执行政策；在政府与社会之间，政府不是高高在上的官僚机构，政府服务应以纳税人为导向。管理主体方面，坚持主体多元化，除了政府，非营利组织、私营部门、公众也可参与公共部门的管理。管理手段方面，坚持绩效导向，政府要围绕其使命进行绩效管理，采用目标管理、全面质量管理等手段，以获得更高的效率。因此，新公共管理理论集中体现了管理对象“外化”、管理主体“多元化”和管理手段“多样化”三个特征，其主要思想不仅为政府绩效管理第三方评估创造了基本条件，也为其奠定了制度基础。新公共管理理论的核心诉求是公共服务供给的卓越绩效；实现机制是结果控制、竞争、激励；评价标准是追求结果、顾客评价；提供方式为提供和生产分离，运用市场机制。

2. 新公共管理理论与第三方教育评估体系的联系

新公共管理理论除了在实践上推动了政府管理的变革外，其观点和理念对教育评估领域也具有多重意义。

（1）新公共管理理论提倡精简政府职能，坚持主体多元性。一方面，传统的公共行政模式中，政府身兼数职，导致了政府职能臃肿，行政成本极高；另一方面，由于缺乏竞争者导致公共产品和公共服务的质量低下，影响了政府的形象。教育的公共产品属性使其归属于政府管制，相关的评估工作也由政府主导，引发了一系列的质量问题。新公共管理模式下的政府不再是无所不包的“全能型政府”，而是强调公民和社会机构的参与，通过合作、协商、伙伴关系，确立共同目标等方式来实施对公共事务的管理。① 公共服务更加倾向于主体多元化和政策制定过程复杂化，资源分配机制转变为网络契约关系，服务方式为开放型，机制基础建立在相互竞争及部门协调上。② 教育是一个由政府、高校、社会公众三角关系共同组成的公共系统，教育评估应当服务于学校、教师、学生、家长及社会，而不应是政府的特权。第三方机构自身的科学性和独立性特点能够弥补政府失灵的部分，填充职能精简中的空白与不足，是政府工作过程中的良好伙伴。在政府职能精简的过程中，针对高等教育领域的第三方评估也能争取到一定的发展空间。③

（2）新公共管理理论提倡引入市场机制。新公共管理理论认为政府是公共服务的提供者，但这并不就意味着所有的公共服务都应该由政府来提供，应让更多的私营部门参与公共服务供给，通过把竞争机制引入到政府公共管理中，提高服务的质量与效率。同时，新公共管理理论认为，政府应该严格将管理与具体操作分开，有效的政府并不只是一个会实干的政府、一个会执行的政府，而是一个能够“治理”的政府，并且善于“治理”的政府。因此在教育评估领域，由第三方评估通过公平竞争来获得提供评估服务的机会，增强了评估结果的可信任性。此外，第三方机构具有低成本和非营利的特征，在某些领域具有一定的优势，而且能够敏感地感应到社会大众的需求，由于第三方机构长期专注于在某一领域内提供服务，容易得到社会群体的信任和支持，发挥独特的公共职能优势。④

二、委托代理理论

1. 委托代理理论的产生及主要思想

委托代理理论是 20 世纪 30 年代由美国经济学家伯利（Berle）和米恩斯（Means）提出的，它起源于新制度经济学，并受到经济学界和社会的重视，是分析既定条件下委托人和代理人关系的经典理论，是为了解决委托代理关

① 席成孝．高等教育质量“第三方评估”机制研究［M］．西安：西北大学出版社，2016：46-50.

② OSBORNE S P. 新公共治理？：公共治理理论和实践方面的新观点［M］. 包国宪，赵晓军，等译，北京：科学出版社，2016：293.

③④ 张曦琳．管办评分离背景下高等教育第三方评估体系的建设研究［D］．济南：山东师范大学，2018：36.

系中由于信息不对称等原因所导致的委托代理关系。该理论认为，“任何一种涉及非对称信息的交易，且参加交易的一方的行为影响到另一方的利益的关系，都构成委托代理关系。其中，属于信息优势的一方称为代理人，信息劣势的一方称为委托人”[①]。委托代理理论是在公关管理领域运用极为广泛的理论范式之一。[②]委托代理理论的主要观点认为：委托代理关系是随着生产力大发展和规模化大生产的出现而产生的。其原因一方面是生产力发展使得分工进一步细化，权利的所有者由于知识、能力和精力的原因不能行使所有的权利了；另一方面是专业化分工产生了一大批具有专业知识的代理人，他们有精力、有能力代理行使好被委托的权利。但在委托代理的关系中，由于委托人与代理人对于组织利益分配具有不同的主张和要求，都希望自身利益最大化，因此两者之间必然存在利益冲突。如果没有有效措施的规范和制约，很有可能双方利益都受到损害。社会各有分工，然而在各个领域都普遍存在委托代理关系，股东与经理、经理与员工的关系都归结为委托人与代理人的关系。所以为了预防和惩治代理人的败德行为，保护委托人的利益、降低代理成本，委托人有必要在对代理人进行激励的同时，对代理的过程进行监督，确保委托人与代理人的利益需求。

现代社会，委托代理关系存在于一切组织、一切合作性活动中，存在于各种组织的每一个管理层次上，教育领域也不例外。

2. 委托代理理论与第三方教育评估体系的联系

作为教育服务的一种，教育评估的实质就是通过各种渠道和方式获取教育服务信息，来解决政府、学校、社会大众关于教育信息不对称的问题。政府、学校一旦使用第三方评估，那么政府和学校与第三方评估组织之间就必定产生契约关系。在契约关系中，政府、学校赋予第三方评估组织搜集信息、做出评估的权力，并提供相关费用。但政府与第三方评估机构在代理关系中有可能存在代理人评价不公正、评价不真实、评价不科学等情况，损害被评对象的利益和声誉，从而破坏委托代理关系。要保持好委托者与代理人及被评对象三者的关系，就要设计三方的契约机制，主要包括明确权责、制

① 陈禹．信息经济学教程［M］．北京：清华大学出版社，1998：38–40.

② 王守文．“SCC”理论：中国社会组织评估机制研究［D］．武汉：华中科技大学，2013：33.

定激励与监督约束机制，保障三方的合法权利。①

（1）开展公共服务的委托。社会公众委托政府对学校办学进行资源配置与发展监督，政府通过招标或者资质认定的方式委托评估组织对学校办学实施质量监控。学校可合同外包委托评估组织对本校的整体发展或专业设置等进行测评，从而明确各自角色的边界，减少问题的出现，提高工作效率。

（2）制定激励和约束机制。在企业，人们设计了一整套解决委托—代理问题的制度和措施，主要是激励和约束机制。解决教育领域的委托—代理问题也需要借助企业管理实践的成功经验，采取一系列的约束和激励机制，促使相关的代理人合理配置教育资源，把工作重心转到提高教育质量上来，这个机制就是开展第三方教育评估。政府委托第三方开展教育评估来测评教育管理与教育目标的达成度，在政府、学校与第三方评估机构三者委托人与代理人之间，应形成有效的激励与约束机制。政府与学校这一层委托关系中，政府应采取有效的措施促使学校履行好代理人的角色，如通过组织激励、薪酬激励或竞争激励等方式，促进学校自我管理，提高教育资源利用效率，改善教育质量。政府在与第三方评估机构的委托关系中，可以以建立如减免税收、行业资格认定、给予一定的财政支持等激励约束的机制措施，降低委托过程中的道德风险。②

（3）建立完善的监督机制。委托代理理论中，当代理人的行为完全可以被观察到的时候，便不存在投机行为与道德风险。当主体与代理之间存在信息不对称时，则需通过监督机制来约束被代理人的行为，以保障代理人的合法权益。第三方评估结果的客观公正有赖于政府的有效监督以及市场的真实反馈。为了预防教育第三方评估中可能出现的道德风险，政府有必要采取多种措施对评估的运行过程进行监督和问责。如：制定相关的监督条例和问责法规，约束和规范第三方评估机构的行为，促进第三方评估的整体规范化；在充分考虑市场需要的基础上，建立第三方评估机构的准入机制，严格审查机构资质，确保合法的评估资格；充分发挥网站、微信公众号等网络平台的优势，利用社会力量开展全民监督。③

① 王曦．高等教育第三方评价制度创新研究［D］．南充：西华师范大学，2019：28.

② 张曦琳．管办评分离背景下高等教育第三方评估体系的建设研究［D］．济南：山东师范大学，2018：38.

③ 王向华，张曦琳．管办评分离背景下高等教育第三方评估的探索与实践：以上海市教育评估协会和麦可思研究院为例［J］．当代教育科学，2019（2）：92-96.

三、公共治理理论

1. 公共治理理论的产生及主要思想

治理（Governance）一词源于拉丁文和古希腊语，原意是控制、引导和操纵，指在一个既定的范围内运用权威维持秩序，满足公众的需要，其目的是在各种不同的制度关系中运用权力去引导、控制和规范公民的各种活动，以最大限度地增加公共利益。最初，"治理"一词主要用于与国家的公共事务相关的管理活动和政治活动中，治理理论的主要创始人之一詹姆斯·N. 罗西瑙（James N. Rosenau）在其文章《没有政府的治理》中认为，治理不同于统治，二者之间区别明显，管理路径完全不同。治理是通行于规制空隙之间的那些制度安排，或许更重要的是当两个或更多规则出现重叠、冲突时，或者在相互竞争的利益之间需要调解时才发挥作用的原则、规范、规则和决策程序。无论其是否得到正式认可，都能很好地发挥管理效应。全球治理委员会在 1995 年《我们全球伙伴关系》中指出：治理是各种机构或个人管理其共同事务多方面的总和，调节不同利益主体并相互合作实现目标的持续过程。既包括迫使人民服从的正式制度，也包括各种人们为实现共同目标而达成的非正式的制度。[①] 从历史的角度来看，"治理"是一个动态发展的词语，是一个从政府治理到市场治理，最终发展成为公共治理的过程。

公共治理主要涉及"民主、多元、合作"等关键词，其理论超越了传统的行政管理思维，在教育、环保、经济和医疗等多个领域中的体制改革中都有应用，所以也成为一种分析问题的思想方法与理论框架。公共治理模式下的政府不再是无所不包的"全能型政府"，而是强调公民和社会机构的参与，通过合作、协商、伙伴关系，确立共同目标等方式来实施对公共事务的管理。[②] 公共治理的目标在于最大限度地增加公共利益，满足社会公共需求，真正地实现善治。其内涵特征主要包括以下四点。

（1）公共治理主体的多元化。公共治理的主体并不是单一的，而是包括了多元主体，除了政府、公共机构以外，非政府组织、非营利组织、民间组织、私人机构及社会个人等都可参与治理，成为治理的主体。

---

① 李志军．第三方评估理论与方法［M］．北京：中国发展出版社，2016：45.

② 席成孝．高等教育质量"第三方评估"机制研究［M］．西安：西北大学出版社，2016：46-50.

（2）公共治理权力的多中心化。在治理的过程中，政府不再是唯一的权力中心，治理的权力呈网络化分布，权力多中心化，权力组织由单一的自上而下的结构逐渐转变为多中心的网络结构。它的运作逻辑是以谈判为基础，强调行为者之间的对话与协作。[①]

（3）公共治理过程的互动性。公共治理的实现机制主要依靠多元主体之间彼此信任和互惠，通过协商、合作来建立合作伙伴关系，通过良性的互动模式来落实相应的管理工作，以此来和解不同主体的利益关系，并通过一致行动来维护大多数人的利益，发挥各个管理主体的优势以提高管理效率。

（4）公共治理方式的多样性。治理主体的多元性决定了治理手段的多样性。公共治理就是指不同治理主体之间的合作，其优势就在于最大化利用公共资源。为更好地尊重个体的地位与权利，公共治理综合运用各种管理手段对社会性公共事务进行管理。这些手段有正式的法规制度，也有调节市场机制的经济手段，还可以通过民主协商和谈判的方式，增强各治理主体之间自愿平等的合作意识，建立伙伴关系以实现对社会公共事务的管理。

2. 公共治理理论与第三方教育评估体系的联系

公共治理理论在教育领域的运用，其核心是将政府、市场以及公民社会当作教育治理主体，共同参与管理教育事务，如在教育投入、教育管理、教育督导及教育评估等每一个阶段，并共同承担责任。

（1）公共治理理论为评估机构的独立性地位提供了理论支持。公共治理理论提倡公众参与和共同管理，当涉及多个利益相关方时，需要通过协商、合作和参与来进行解决和管理。教育是一个由政府、学校、社会公众三角关系共同组成的公共系统，政府治理模式下的管办评分离重在解决教育行政部门“管”“办”“评”三种权力集中的问题，因此，在评估过程中，政府作为主评单位，学校作为评价对象，第三方机构作为评价主体，形成一个相互协调、合作的伙伴关系，在相互独立又相互依存中发挥各自优势，共同承担治理责任，使教育健康发展。

（2）第三方教育评估机构推进教育现代化治理。第三方教育评估机构因其具有非营利性、独立性、自我治理性和公益性，承担着教育公益性服务的职能，对政府来说，第三方教育评估机构可以改变政府在教育事业上大包

① 李志军．第三方评估理论与方法［M］．北京：中国发展出版社，2016：47.

大揽的格局，降低教育治理成本。对学校来说，第三方教育评估机构在服务上更具有灵活性。政府、学校、第三方教育评估机构三者良性互动、平等协商、相互制衡，实现多元共治，体现了现代治理的基本要义，所以，建立第三方教育评估机构也是教育现代治理的重要举措，是提升教育治理体系和治理能力现代化不可或缺的一部分。①

四、政府购买公共服务理论

1. 政府购买公共服务的产生及主要思想

政府购买公共服务理论起源于 20 世纪 80 年代的西方国家，是指政府通过公开招标、定向委托、邀标等形式将原来由自身承担的公共服务转给社会组织、企事业单位履行，以提高公共服务供给的质量和财政资金的使用效率，改善社会治理机构，满足公众的多样化、个性化需求。② 彼得斯在《政府未来的治理模式》中提出了政府治理未来发展形成的四种模式："一是市场式政府，强调政府管理的市场化；二是参与式政府，即对政府管理有更多的参与；三是弹性化政府，即认为政府需要更多的灵活性；四是解制型政府，即提出减少政府内部规则。"③ 政府购买公共服务的基本特点如下。

（1）政府购买公共服务的主体是政府。

（2）政府购买公共服务的客体是社会组织、企业、事业单位。

（3）公共服务的内容主要集中在社区服务与管理、行业性服务管理、行政事务与管理等，不同于私人服务，其服务种类有政府机构及其工作人员自身消费的政府内部服务以及为社会所提供的公共服务。④

（4）政府购买公共服务的主要动机是解决行政资源相对匮乏、地方财政能力不足的问题，通过购买公共服务解决问题。

---

① 闫艳．现代治理视野下第三方教育评估机构建设研究［J］．教育参考，2019（5）：33-38.

②④ MBA 智库 · 百科．政府购买服务［EB/OL］．https://wiki.mbalib.com/wiki/Government%27s_purchase_public_service.

③ 彼得斯．政府未来的治理模式［M］．吴爱明，夏宏图，译．北京：中国人民大学出版社，2001：24.

（5）政府购买公共服务的方式主要通过合同制、直接自助制、项目申请制等，改变了政府单一主体的状态，转由更多的社会组织来提供，逐渐形成了政府购买公共服务的理论。

政府购买公共服务的工作模式主要包括独立关系竞争性模式（购买者与承接者之间不存在资源、人事等方面的关系）、独立关系非竞争性模式（购买者倾向选择具有良好社会声誉的服务方，以降低购买风险）、依赖关系非竞争性模式（购买者与承接者之间是依赖性关系，购买程序是定向的）。通过政府购买公共服务，促进了政府职能的转变。

2. 政府购买公共服务与第三方教育评估体系的联系

政府购买教育服务起源于西方，是西方国家社会福利制度改革的产物。政府购买教育服务的本质特征在于，政府在教育服务提供中实现了“生产者”与“提供者”的分离，政府与社会组织之间的关系在本质上是一种以“契约”为基础的商品交换关系。教育是公共产品，承担向社会公众提供教育公共产品和服务的责任，但政府不一定是教育公共产品的生产者。在我国行政管理体制改革的大背景下，进一步转变政府职能，构建服务型政府，就是要逐步实现从“全能政府”“无限政府”向“责任政府”“有限政府”转变，从审批型政府向服务型政府转变，从高成本政府向高效率政府转变。[①] 在教育评估领域，政府购买服务已是大势所趋。中共中央办公厅、国务院办公厅在 2020 年颁发的《关于深化新时代教育督导体制机制改革的意见》文件在制度层面强调了第三方评估在教育评估、教育治理活动中的地位和作用，同时也进一步明确了管评双方在教育评估工作中要用好政府购买服务这种方式，有力、有序开展教育评估工作。

（1）改变评估主体单一化的局面。第三方教育评估机构是提供教育评估服务的独立性的评估机构，扮演着中间人的角色，从由教育行政部门负责的教育评估变为由政府、社会和学校多方介入的结构，评估机构之间既有竞争关系又要合作，在一定程度上提高了政府的工作效率，解决了当前政府“既是裁判员，又当运动员”的问题。

（2）保障评估工作的透明公正。政府购买教育评估服务，教育评估机构既是承接主体，又是评估主体，具有双重身份。第三方教育评估机构通过

① 搜狐网．政府购买教育服务是大势所趋［EB/OL］.（2016-08-12）［2023-02-10］. https://www.sohu.com/a/110280808_360504.

向政府教育主管部门提供评估结果，为政府的教育决策提供依据，同时在对学校的教育项目进行评估时，能够在评估过程中确保规范性和科学性，客观反映学校的办学情况，保证评估结果的客观性和公正性，在一定程度上提高了评估的效率和透明度。另外，通过向社会公布教育评估结果，为公众提供学校信息，增加公众对学校的了解。

第三章
我国第三方教育评估机制的现状研究

随着教育改革的深入和教育事业的发展，教育评估越来越受到社会各界的关注。作为衡量教育质量的重要手段，教育评估在优化教育资源配置、提高教育质量以及推动教育改革等方面发挥着举足轻重的作用。在我国，第三方教育评估机构作为相对独立的评估主体，逐渐崭露头角。它们能够为教育行业提供客观、公正、专业的评估服务，为政策制定者和教育工作者提供有益的参考信息。

本章旨在分析国内第三方教育评估机构的现状，从机构建设与评估业务、机构运行状况以及评估影响与价值等方面进行全面探讨。通过对第三方教育评估机构的研究，读者能够更好地了解我国教育评估领域的现状、挑战与发展趋势，为政府、教育机构以及评估机构等利益相关者提供有益的参考和启示。

第一节　我国第三方教育评估机构运行机制现状

一、省市教育评估机构的机制现状

中国教育评估机构的建设走过了一段从少到多、从弱小到渐强的艰难历程。在教育评估工作的发展历程中，一些省级教育评估机构通过自身的努力和专业服务，为当地教育事业的发展和教育质量的提升做出了较大的贡献，其业务领域与服务范围广泛，涵盖了教育系统的各个层次和方面。在多年的评估实践中，从评估理念的确立到评估制度的建设，从组织机构的管理到评估专家的培训，从评估技术的运用到评估服务的提升，都进行了较大的改革和创新。以下将从多个方面详细介绍我国教育评估机构的业务领域与服务范围。

1. 教育评估机构呈现多元化的特点

1993 年，中共中央、国务院印发了《中国教育改革和发展纲要》，明确提出"要建立健全社会中介组织，包括教育决策咨询研究机构、高等学校设置和学位评议与咨询机构、教育评估机构、教育考试机构、资格证书机构等，发挥社会各界参与教育决策和管理的作用"。1995 年颁布的《中华人民共和国教育法》，明确规定"国家实行教育督导制度和学校及其他教育机构教育评估制度"，至此确立了教育评估机构的政策依据和法律地位。

随着我国政府机构改革的不断深入，政府职能的转变及教育体制改革的不断深化，第三方教育评估机构在我国从无到有再到专业化，教育质量第三方评估也得以逐步发展。当前，全国已有 20 多个省市成立了教育评估机构，一些教育比较发达的省市也已形成了教育厅（教委）的教育评估院、区县的各类教育评估机构以及学校内部的教育评估或评价体系。据不完全统计，截至目前，全国已有上百家第三方教育评估机构，遍布全国各省、自治区、直辖市及区县（市）。其中，一线城市和经济较发达的地区拥有更多的第三方教育评估机构，初步形成了与全国地方教育发展相适应的国家、省市、区县三级评估机构网络。

为科学有效地推进教育评估活动，从 20 世纪 90 年代开始，国家和地方逐步有序地推进教育评估组织与机构的成立工作。在国家层面，1993 年成立的北京高等学校教育质量评议中心，成为我国首家教育评估机构。1994 年成立了高等学校与科研院所学位与研究生教育评估所，并于 2003 年更名为教育部学位与研究生教育发展中心，主要接受教育部和国务院学位委员会的委托，开展我国学位和研究生教育的评估工作。2004 年成立了教育部高等教育教学评估中心，主要开展高等学校本科和专科教育的评估工作。[①] 2022 年 2 月，教育部高等教育教学评估中心更名为教育部教育质量评估中心，机构调整之后，教育部教育质量评估中心将新增学前教育、普通中小学教育、特殊教育、职业教育等各级各类教育质量评估监测业务职能，正式转变为全口径、全学段、全类型的教育质量评估监测专业机构。

在地方，上海教委于 1996 年、江苏教委于 1997 年分别设立了上海市高等教育评估事务所（上海市教育评估院的前身）和江苏省教育评估院。随后，辽宁省、江西省、云南省、广东省、山东省、福建省、北京市等地相继成立了省级教育评估机构。这十多年来，几乎每年都会涌现出一批新的教育评估机构，并发展成各层级、各地区的分布态势。虽缺乏官方专业、系统的数据，但从搜集到的文献资料、网络资源中知晓，我国在国家、省（市）、县这 3 个层级共有教育评估机构将近百家，其中属于省级及以上层面有 20 多家。从表 3-1 可以看出，一些教育比较发达的省市也已形成了教育厅（教委）的教育评估院，部分省级教育评估机构作为内设机构设立在教科院，或挂靠在高校或科研机构附属的评估机构，还有少部分机构属于民政部门（民政厅）批准。

表 3-1　全国省级及以上教育评估机构情况

机构性质	机构名称
独立教育评估院	教育部高等教育教学评估中心（2004），江苏省教育评估院（1997）、上海市教育评估院（2000）、重庆市教育评估院（2009）、云南省教育评估院（2010）、江西省教育评估监测研究院（2021）、四川省教育评估院（2021）、安徽省教育评估中心（2010）、广西教育研究院（2016）、内蒙古自治区教育科学研究与监测评估院（2021）

① 冯晖，吴磊．教育评估的政策演进、现状剖析及推进逻辑［J］．现代教育科学，2018（10）：134-138.

续上表

机构性质	机构名称
作为一个内设机构的教育评估机构	广东省教育研究院教育评估室（2011）、山东省教育科学研究院教育评价研究中心（2015）、浙江省教育考试院评估部（2022并入考试院）
挂靠高校或科研机构附属的评估机构	辽宁省教育评价事务所（挂靠辽宁教育研究院，1999）、湖北省教育评估院（挂靠湖北省教育科学研究院，2014）、福建省教育评估研究中心（2009）、甘肃省高等教育教学评估中心（挂靠西北师范大学，2016）、江西省高等教育评估所（2013）、陕西高等教育研究与评估中心（挂靠西安交通大学，2003）
民办非企业性质的评估机构	北京市教育评估院（2005）、河南省教育评估中心（2014）、陕西省教育考生与评价研究会（挂靠在陕西师范大学，2003）

注：上表为不完全统计。资料来源：机构的官方网站资料整理所得。

从表 3–1 可以看出，我国省市级的评估机构呈现多元化的特点，在机构性质方面，包括政府主导、高校附属和民间第三方等不同类型的机构共同参与评估市场。

（1）政府主导的事业单位。各省级行政单位通常至少设有一个省级的教育评估机构，以满足本省（市、自治区）的教育评估需求。这类机构通常由政府部门主导成立，负责全国或地区范围内的教育评估工作，具有鲜明的准政府组织特征。尽管这些机构在一定程度上具有独立性，但它们仍受到政府的指导和监督。如：教育部下属事业单位教育部教育质量评估中心，省级的评估机构有江苏省教育评估院、上海市教育评估院、重庆市教育评估院、广东省教育研究院、云南省教育评估院、浙江省教育考试院、江西省教育评估监测研究院、四川省教育评估院、安徽省教育评估中心、广西教育研究院等。

（2）高校或科研机构附属的评估机构。这类机构通常隶属于某所高校或科研机构，充分利用其丰富的教育资源和专业人才进行教育评估工作。这些评估机构通常具有较高的学术地位和专业性。如：辽宁省教育评价事务所（挂靠辽宁教育研究院）、湖北省教育评估院（挂靠湖北省教育科学研究院）、福建省教育评估研究中心、甘肃省高等教育教学评估中心（挂靠西北师范大学）、陕西高等教育研究与评估中心（挂靠在陕西师范大学）、江西省高等教育评估所等。

（3）由民政部门（民政厅）批准成立的独立设置的民办中介机构。这类机构由民间或社会组织发起成立，具有相对较高的独立性和市场化程度。这些评估机构通常以提供专业化、定制化的教育评估服务为主要业务特点。

如：北京市教育评估院、河南省教育评估中心等。

2. 教育评估机构设置日渐规范

省级教育评估机构均属教育厅（教委）主管，从机构职能定位到组织架构，通过不断的评估实践和自我调整逐渐形成了一套较为规范的操作准则。尽管机构在命名上有所区别，但根据其职责和业务领域来设立的内设部门基本大同小异。如：江苏、广东把下设机构命名为“室”，而上海、重庆、四川、广西、江西、辽宁等地的内设机构则命名为“所”，但都分别承担着行政事务管理、各级各类教育评估等具体职责，设立办公室、基础教育评估（所）、职业教育评估室（所）和高等教育评估室（所），分工明确，工作重点突出。几个机构也有一些不同之处。

（1）除了江苏省教育评估院，上海、重庆、江西教育评估院都把职业教育和成人教育放在一个机构统筹管理。

（2）江苏、上海、重庆、浙江、广东、山东的教育评估机构设立了有关教育评估研究部门，以此加强教育评估研究和考试研究。

（3）江苏和上海均设立了综合评估室（事务所），用以评估评审一些综合类的评估项目，如：中外合作办学、教师发展专项评审以及教师专业技术任职资格评审等。

（4）江苏、重庆、江西、四川、广东的评估机构还兼顾教育质量监测的职能，以承担全省教育质量监测工作，河南省教育评估中心的业务范围除涉及承担政府、学校及其他教育机构委托的各级各类教育评估评审业务和社会性教育评估服务工作，还开展教育评估理论研究、学术交流、咨询服务及培训等方面的工作。由此可以看出，随着教育管理体制改革的不断深化，教育评估机构的作用得到进一步发挥，评估机构工作范围不断扩大，所承担的教育行政部门、学校以及社会所赋予的工作职能也越来越多。

3. 教育评估机构工作人员梯队建设合理

目前众多省级教育评估机构主要采取“小机构、大网络”运作模式，通过引进、招聘等多种方式，加强评估队伍建设，不断提供评估专业人员的学历层次。当前，各省（市、自治区）评估机构的专职评估工作人员年龄与学历结构都较为合理。根据不完全统计，江苏省教育评估院拥有 22 个人员编制，目前在职人员 18 人，博士 6 人，约占 33.3%；上海市教育评估院核定编制 35 人，目前在编 31 人；重庆市教育评估院核定编制 35 人，目前在岗职工 60 余人（含劳务派遣）；安徽省教育评估中心核定编制 18 人，目前在职 10 人；江西省教育评估监测研究院核定编制数 116 个，目前实有在编人员 94 人，博士 4 人，硕士 36 人（含在职）等，具体可见表 3–2。

表 3–2　全国省级及以上代表性教育评估机构在编在职人员数量

序号	名称	编制数及在职人员
1	江苏省教育评估院	核定 22 个编制，目前在职人员 18 人，博士 6 人
2	辽宁教育学院（辽宁省教育科研评估中心）	核定编制 50 人左右，在职员工 25 人
3	上海市教育评估院	核定编制 35 人，在编 31 人
4	陕西省教育考生与评价研究会	在职 10 人
5	福建省教育评估研究中心	核定编制 14 个，目前在编 11 人
6	重庆市教育评估院（加挂重庆市基础教育质量监测中心）	核定编制35人，在岗职工60余人（含劳务派遣）
7	云南省教育科学研究院（云南省教育评估院）	在职人员编制 70 人，在职 61 人
8	安徽省教育评估中心	核定编制 18 人，在职 10 人
9	广东省教育研究院教育评估室 / 基础教育质量监测室	核定编制 11 人，在编 11 人
10	湖北省教育科学研究院（湖北省教育评估院）	核定编制 70 人左右
11	河南省教育评估中心	目前有工作人员 26 名，其中三级及以上教授 6 名、博士生导师 3 名、博士及硕士 18 名等
12	广西教育研究院	目前有 12 人参与各级教育评估工作，其中 91.67% 的人员是硕士及以上学历
13	黑龙江省教育评估院	核定编制 11 人，正高职称 1 人，副高职称 1 人，博士 1 人，在读博士 2 人
14	江西省教育评估监测研究院	核定编制数 116 个，目前实有在编人员 94 人，博士 4 人，硕士 36 人（含在职）
15	四川省教育评估院	核定编制 20 人，现有在岗职工 33 人，其中正高级职称 4 人、副高级职称 8 人，博士 6 人、硕士 15 人，专业技术人员硕博比例达 75.0%
16	浙江省教育考试院（评估部门并入考试院）	核定编制 7 人，在编 7 人

注：上表为不完全统计。资料来源：机构的官方网站资料和机构相关人员访谈整理所得。

根据比较研究，当前各省市教育评估机构人员组成主要是三个群体。

（1）群体一：从教育厅（教委）机构改革重组分流而来，他们具有丰富的行政经验，对于机构的合理运营具有宏观的考量。①

（2）群体二：高校的退休教师，他们具有专业的学科知识和教学管理经验。

（3）群体三：新招聘的研究生，他们受过学校专业学习，具有扎实的教育学、测量学、统计学等专业学科背景，这是评估院专业性的保障力量。

三个群体通力合作，工作范围涵盖了教育评估理论研究、教育评估的组织和实施、评估咨询服务、教育培训等方面。

除此以外，省级教育评估机构除专职人员以外，还建设了专业的专家库系统。如：江苏省教育评估院拥有由省内外一流专家5 000多人组成的专家库；河南省教育评估中心设有专家委员会，拥有高等教育、职业教育、基础教育等各类评估和教育咨询专家1 000多名。同时，江苏、上海和浙江组建了长江三角洲高等教育专家资源库及共享机制，整合两省一市高等教育学科、专业、课程建设专家资源，加强两省一市高等教育领域内的交流和合作。

4. 教育评估机构职能定位清晰

评估机构的职能定位一般指在教育领域为各类教育机构、政府部门以及社会提供客观、公正、科学的教育质量评估服务，这需要要求明确自身的职能。评估机构在运行过程中，普遍把握着“中介、鉴定、批判、科研、引导、评估”这六大职能。如：江苏省教育评估院自成立以来，把建设队伍、规范评估、加强科研和评风建设作为提高评估质量的四大支柱，致力于“公、真、矩、和”的价值追求；“落地有声”是上海市教育评估院的院训，一直秉承“讲服务、求质量、显能力、抓科研、上水平、树品牌”的办院方针，致力于内涵和能力提升的“八个一”工程建设，即打造一支队伍、用好一批专家、完善一个网络、优化一套制度、出版一套文集、创办一本专刊、弘扬一幢洋楼的历史文化精神、提升一个国际教育组织的合作交流平台；②重庆市教育评估院（重庆市基础教育质量监测中心）秉承“尺、正、明、信”

① 单曦影．我国高等教育社会评价机构研究［D］．长沙：湖南大学，2017：26.

② 上海市教育评估院．本院概括［EB/OL］.http://www.seei.edu.sh.cn/Default.aspx?tabid=161.

的院训，以开展教育评估和质量监测，促进教育事业发展为宗旨；河南省教育评估中心则坚持“承担公务、服务公众、坚持公正、树立公信”，把专家队伍建设、规范评估程序和加强评风建设作为提高评估质量的三大支柱，致力于“守正持衡”的办院宗旨。

在业务范围上，通过查询各机构的网站可以得知，省级教育评估机构作为地方教育行政领导下的直属事业单位，其主要职能基本是接受政府或教育行政部门及社会其他方面的评估委托，以地方政府或教育行政部门工作为中心，聚焦地方重大教育改革事项，开展各种层次和多种类型的教育质量评估工作（见表 3-3）。如：开展教育质量调查与评估，开展教育评估理论和方法研究；向社会和各级教育行政部门提供咨询服务；研究制定教育评估政策和各级各类教育评估指标体系；开展教育评估专业培训；开展教育评估的对外交流和合作，以及完成教育厅（教委）交办的其他工作。重庆市教育评估院还承担全市基础教育质量监测标准的制定以及监测实施工作，是教育评估与质量监测二合一的教育评估机构。

表 3-3　部分代表性省级教育评估机构基本职能

机构性质	名称	基本职责
独立教育评估院	江苏省教育评估院	1. 承担各级各类教育评估项目的组织实施以及教育质量状况调查与评价工作； 2. 组织开展教育评估理论研究，参与教育评估政策制定； 3. 组织开展教育评估专业培训和咨询服务，指导基层教育评估业务工作； 4. 完成教育厅领导交办的其他工作
	上海市教育评估院	1. 承担各级各类教育机构的评估和认证； 2. 开展教师职务学术水平、科研能力和教学能力评价； 3. 发布各类教育发展状态数据和教育质量信息，对各类教育质量和区域教育状况进行监控； 4. 对学校自我评估和接受外部评估进行业务指导，提供发展规划、专业（课程）设置等咨询服务； 5. 开展教育行业（或专业）认证等社会性评估活动，研究构建教育质量保障体系； 6. 对区（县）、高校等教育评估机构进行业务指导，开展教育评估专题培训； 7. 开展教育评估理论、标准、技术等方面研究，开展国内外教育评估等方面的交流与活动； 8. 完成教育厅（教委）交办的其他工作

续上表

机构性质	名称	基本职责
	重庆市教育评估院	1. 开展教育评估的理论与政策研究和技术研究； 2. 开发并建设教育评估的指标体系和信息资源； 3. 拟定基础教育质量监测标准； 4. 实施基础教育质量监测； 5. 承担基础教育、职业教育与成人教育、高等教育的有关评估及服务； 6. 接受各级教育行政部门、各类教育机构和其他单位的委托，开展相应评估及服务工作； 7. 开展教育评估的相关培训、交流工作等
	四川省教育评估院	1. 负责教育评估监测的政策、理论、标准、技术研究，参与拟订教育评估监测地方性法规草案、政策制度等具体工作； 2. 承担对全省各级各类教育及机构评估、评价、监测、调查的行政辅助和技术支撑工作。承担学生综合素质和教师专业能力评价的行政辅助和技术支撑工作； 3. 承担高校专业认证和教育经费使用监测、评估的行政辅助工作； 4. 组建评估监测专家库，组织各类教育监测工具开发； 5. 组织开展教育评估监测专业培训和咨询服务； 6. 完成四川省教育厅交办的其他任务
作为一个内设机构的教育评估部门	山东省教育科学研究院教育评价研究中心	开展教育评价和质量监测工作
	浙江省教育考试院评估部	负责高等教育、职业与成人教育、基础教育的各类评估项目实施工作。接受委托组织实施教育评估项目。指导教育评估工作

5. 教育评估机构分布呈现明显的地域特点

在全国范围内，教育评估机构的分布呈现出明显的地域差异。这些地域差异主要呈现出如下特点。

（1）经济发达地区的教育评估机构数量较多。通常情况下，经济发达地区的教育水平、投入和需求都相对较高，因此这些地区的教育评估机构数量也较多。如：北京、上海、广东、江苏等地的教育评估机构数量相对较多。

（2）教育资源集中地区的教育评估机构数量较多。一些以教育资源著称的地区，如：北京、上海、重庆等，由于拥有较多的高校、科研机构和优质教育资源，教育评估机构的数量也较多。

（3）地域差异影响教育评估机构分布。东部沿海地区、华东地区和华南地区的教育评估机构数量相对较多，而西部地区、华北地区和东北地区的教育评估机构数量相对较少。

随着教育市场的不断发展和教育评估需求的日益增加，各地区的第三方教育评估机构数量也呈现出逐年增长的趋势。在未来几年，预计第三方教育评估机构的数量将继续保持增长态势。此外，各地教育评估机构的业务范围相差很大，其设置初步形成各具特色、各有千秋的发展态势，构成了与当地经济发展相适应，主动服务当地教育发展多类型、多形式发展的局面。

6. 教育评估研究的意义不断提升

教育评估需要对专业有很高的要求，目前，各省的评估机构都很重视评估工作的科研研究，一是通过创办学术专刊，如：上海教育评估院创办的《上海教育评估研究》、江西教育评估监测研究院创办的《教育学术月刊》、山东教育科学研究院创办的《当代教育科学》等。二是开展专项课题研究，申报国家级、省级教育评估课题以及参加学术会议等方式开展教育评估研究。教育评估机构开展教育评估研究不仅有助于提升评估质量、探索创新评估方法、增强评估针对性和实用性，还有助于提高评估能力建设，提供政策建议和支持，促进国际交流与合作以及提高评估机构的声誉和影响力。重点体现在以下三方面。

（1）提升评估质量与效果。开展教育评估研究可以帮助评估机构更好地了解教育评估的理论和实践发展动态，从而提高评估方法的科学性、有效性和客观性，以进一步提升评估质量与效果。

（2）探索创新评估方法。教育评估研究有助于评估机构探索和尝试新的评估方法、技术和工具，以适应教育改革和发展的需求。这种创新能提高评估的准确性、可靠性和敏感性，为各方提供更有价值的信息。

（3）增强评估的针对性和实用性。通过教育评估研究，更深入地了解教育现象、问题和需求，为教育政策制定者和管理者提供有关教育现状、趋势、问题及改进策略的深入分析和建议，从而为教育改革和发展提供有力支持。

7. 评估机构的协作和交流不断加强

在国内协同合作方面，评估机构加强与兄弟单位之间的交流、合作，通过定期互访、互助的方式，相互分享评估实践经验，构建起省级教育评估机构协作网。这些年，我国的教育评估机构自发地成立了相关组织进行沟通、交流和协作。2001 年 9 月，在教育部高教司评估处的牵头下，全国教育评估机构第一次协作会成功举办。之后协作会又分别在云南高等教育评估事务所、上海市教育评估院以及广州大学等地举办。该会议的重点是就评估机构的设置、制度建设、保障体系、教育质量保障理论与实践等问题进行深入探讨。2008 年，京、津、沪、渝四地的教育评估机构成立了教育评估协作体，在学术交流、人员互访、专家互派、资源共享、学历互认等领域促进四地教育改革与发展的联动，并联合申报全国性或地区性的教育评估研究课题，共同研制教育评估指标等。2010 年 11 月，由教育部高等教育教学评估中心、上海市教育评估院、江苏省教育评估院、重庆市教育评估中心以及北京大学、清华大学、中国人民大学、北京师范大学等单位倡议发起成立了全国性的教育评估机构合作组织——全国高等教育质量保障与评估机构协作会，共有会员单位 200 余个，致力于全国高等教育质量保障与评估机构的组织建设和能力提升。2015 年 11 月，全国第三方教育评估机构联谊会在北京成立。为第三方教育评价的各组织机构联络、交流学习、合作提供了一个很好的平台。随着我国教育评估事业的发展成熟，我国教育评估机构在国际上的影响力和话语权也不断提升。2023 年 4 月，由教育部教育质量评估中心（原教育部高等教育教学评估中心）组织的 2023 年普通高等学校师范类专业认证机构研讨活动在南京举行，全国 17 家具备认证资质的机构参加了活动。2023 年 10 月，为了向全国教育评估机构搭建互学互鉴、互联互通的经验交流平台，由教育部教育质量评估中心主办的 2023 年度教育评估工作研讨会在重庆召开，会议紧扣教育强国建设目标，围绕深化新时代教育评价改革，共同探讨多元主体参与、符合我国实际、具有世界水平的教育评价体系建设，特别对“审核评估”“评估监测”“职业评估”等工作进行了交流。

在国际交流方面，教育评估逐步融入国际大环境，加强与评估有关的组织联系，积极加入国家教育质量国际网络。如亚太地区质量保障组织（APQN）于 2003 年在香港成立，作为一个由亚太地区教育评估专业机构、教育评估科研单位和高等院校组成的区域性教育合作平台，是一家非营利性的国际组织，目前共有 245 家会员。2009 年，APQN 秘书处落户上海市教育评估院。目前，教育部教育质量评估中心、教育部学位与研究生教育中心、上海市教育评估院、云南省高等教育评估中心、北京市教育评估院等教育评估机构均是该组织的成员。国际高等教育质量保障组织（International Network of Quality Assurance Agencies in Higher Education，INQAAHE）是享有盛誉的教育领域政府性、专业性、全球性国际组织，其使命是为了高等院校、学生以及整个社会的利益，促进教育质量保障机构相互分享信息与经验。教育部教育质量评估中心、教育部学位与研究生教育中心、上海市教育评估院、江苏省教育评估院等机构均是其成员机构。重庆市教育评估院与经济合作与发展组织（OECD）签订战略合作协议，成立"经合组织国际学校评价研究中心"，开展国际学校评价监测项目（PISA for Schools），与芬兰、爱尔兰、澳大利亚、美国等国家教育监测评估机构和相关高校建立了友好交流机制。随着我国教育评估体系的不断完善和国际化进程的推进，未来还会有更多的教育评估机构加入国际教育组织，积极传递我国的教育质量保障经验，共同推动教育质量保障工作的发展。

8. 信息化已成为改进教育评估方法的重要手段

各地的教育评估机构充分利用现代化信息技术手段，突破了评估的地域与空间限制。它们建立了信息量大、内容丰富的评估网站和各级各类教育评估项目的评估系统。在评估方法方面，实现了定量与定性、质量与数量、国内与国外的三重结合，进一步提高了评估结果的科学性。

在评估过程中，从项目和学科的角度开发了教育评估管理信息系统和评估工具，逐步实现了信息化和网络化管理。评估过程中采用线上评估与线下实地考察相结合的方式，适度缩短了进校考察的时间。同时，不断完善基于客观数据的主观评价方法，以降低工作成本、减轻学校负担，并提高评估工作效率。

信息化和网络化管理的实施使得评估过程更加高效和便捷，减少了时间和资源的消耗。通过充分利用现代化信息技术，评估机构能够更好地开展评估工作，为评估过程提供丰富的评估信息和科学的评估结果。

二、行业协会教育评估机构的机制现状

行业主导的教育评估机构是指以行业组织、协会、学会等为依托，以提升行业内教育质量为主要目标的评估机构。随着我国社会经济的快速发展，人们对教育的需求不断增长，特别是对于专业技能和职业资格的追求不断提高，一些行业协会和专业组织逐渐涉足教育评估领域，主导创建了一批教育评估机构。这类评估机构通常具有专业性强、灵活性高等特点，具有代表性的机构如中国教育学会、中国工程教育专业认证协会、上海市教育评估协会、广东省教育评估协会、广东教育督导学会、江苏省高等教育学会评估专业委员会等。

1. 行业协会的角色与功能

在教育评估领域，行业协会具有以下五个主要角色和功能。

（1）行业代表。行业协会代表教育评估行业的利益和诉求，向政府、社会和公众传递行业的发展动态和需求。

（2）行业监管。行业协会负责制定和完善行业规范和标准，建立行业道德规范，加强对会员单位的监督和指导，维护行业的公信力和权威性。

（3）行业服务。行业协会为会员单位提供专业培训、信息交流、技术咨询等服务，帮助会员单位提高专业能力和竞争力。

（4）行业协调。行业协会在政府、学校和其他评估机构之间发挥协调作用，促进各方沟通合作，共同推进教育评估的发展。

（5）行业研究与创新。行业协会开展教育评估研究，积极探索新方法、新技术、新理念，引领行业发展和创新。

2. 行业协会与政府、学校、其他评估机构的关系

在教育评估领域，行业主导型教育评估机构与政府、学校、其他评估机构之间存在密切的合作关系。

（1）政府与行业主导型教育评估机构。政府主要负责制定教育评估的相关政策和法规，支持和监督行业协会教育评估机构的发展。行业主导型教育评估机构则向政府提供行业的发展情况和需求，为政策制定提供依据和建议。双方在教育评估领域形成互动、互补的关系。

（2）学校与行业主导型教育评估机构。学校是教育评估的主体和对象，关注教育质量的提升和教育改革的推进。行业主导型教育评估机构为学校提供评估服务，帮助学校识别教育问题、改进教育实践，从而提高教育质量。学校与行业主导型教育评估机构之间形成合作与互动的关系。

（3）其他评估机构与行业主导型教育评估机构。行业主导型教育评估机构与其他评估机构在业务领域、技术方法和资源共享等方面具有互补性和协同性。双方可通过交流与合作，共同提高评估水平，推动行业发展。

3. 行业主导型教育评估机构的主要特点

行业主导型教育评估机构通常由相关行业协会、行业组织或专业团体发起和管理，具有较强的行业背景和资源。这类评估机构的主要特点有两个。

（1）专业性强。行业主导型教育评估机构通常具有较强的专业能力和丰富的行业经验，能够准确把握行业发展趋势和需求，为教育评估提供有力

的支持。

（2）灵活性高。行业主导型教育评估机构相对独立于政府部门和受评学校，能够更加灵活地选择评估内容、方法和标准，满足行业和学校的不同需求。

4. 行业主导型教育评估机构的发展现状

（1）机构数量和规模。随着教育评估行业的发展和市场需求的增长，行业主导型教育评估机构数量逐渐增多，规模不断扩大。这些评估机构涵盖了各个教育领域的业务，如职业教育、继续教育、在线教育等。

（2）业务领域和服务范围。行业主导型教育评估机构的业务领域和服务范围不断拓展，涉及课程评估、师资评估、教学质量评估、学校管理评估等多个方面。此外，一些评估机构还提供教育咨询、培训和研究等服务。

（3）方法与技术创新。行业主导型教育评估机构在实践中积极探索和应用新的评估方法、技术和理念，如：大数据分析、互联网 + 教育、人工智能等，以提高评估的准确性和有效性。但各机构之间的评估标准和方法可能存在差异，需要加强沟通和协调，实现统一和共识。

（4）合作与交流。行业主导型教育评估机构与政府部门、学校、其他评估机构等保持良好的合作与交流，共同推动教育评估行业的发展。各机构之间通过参加行业论坛、研讨会、培训班等活动，分享经验、探讨问题、增进了解，从而提升整个行业的水平。但与此同时，评估机构不可避免受到行业内部利益的影响，这对评估机构的职业道德和制度建设提出了更高的要求。行业评估机构要进一步提升自身的影响力和认可度，以赢得更多学校和政府部门的信任和支持。这需要评估机构在业务水平、服务质量、技术创新等方面不断努力。

三、民营性教育评估机构的机制现状

民营性教育评估机构，即市场化的教育评估机构，以营利为目标，为客户提供教育评估服务。随着教育市场的不断扩大，民营性教育评估机构的数量逐年增加，规模也在不断扩大。这些评估机构涵盖了从学前教育到高等教育的各个阶段，以及职业教育、在线教育等多个领域，近年来，越来越多的教育评估项目开始由政府委托给社会组织和专业机构，因此第三方教育评估市场迅速活跃起来。从表 3–4 可以看出，目前各省市成立的部分民营性教育评估机构集中成立时间是在 2015 年以后，其业务范围涵盖各级各类教育评估、教育测评软件的开发、教育数据分析、教育培训等方面的内容。

表 3–4　民营性教育评估机构代表一览表

序号	公司名称	成立年份	业务范围
1	上海东方教育评估事务所	2001	接受教育行政部门、学校和社会的委托，对学校进行设校的资质审议；办学水平及效益的调研和评估；业务咨询、人员培训和制定各类评估指标等活动
2	深圳市海云天科技有限公司	2009	教育测评技术开发，考试管理咨询，教育测评技术咨询等业务
3	深圳市承儒科技有限公司	2010	教育测评技术及应系统的技术开发，教育测评技术信息咨询（不含限制项目）；教育管理咨询
4	广州市晨旭科技发展有限公司	2015	职业教育领域的第三方教育评估、教育咨询、教育数据分析
5	重庆天正教育评估监测咨询服务中心	2015	教育评估、教育监测、教育讲座咨询
6	北京中基智库教育咨询有限公司	2015	基础教育阶段监测与评估、规划与提升；督政、督学、监测三位一体的监管平台建设；学前教育、义务教育阶段大数据的深度分析与挖掘；基于新媒体技术的教育专业培训与咨询服务
7	嘉华教育第三方评估研究院	2016	教育投资管理教育教学管理；教育学术研究；教育第三方评价；校园文化建设；等等
8	湖南四维教育评估服务有限责任公司	2016	教育评估；教育质量监测；教育培训；教育咨询服务
9	山东省世纪教育评估中心	2016	教育质量综合评估；教师技能培训；评测工具研发；研讨会及学术交流；品牌学校建设；大数据服务及其他相关评估、培训
10	山东天平教育评估有限公司	2016	教育项目的开发、评估、咨询；教育信息咨询；教育软件技术开发
11	安徽省新世纪教育评估服务有限公司	2016	教育评估；教育教学管理；国际合作办学学校水平评估；达标定级、综合性评估和单项评估；教育咨询；教育质量监测；教育课题和教育科学研究

续上表

序号	公司名称	成立年份	业务范围
12	京津冀行知河北教育评估有限公司	2017	教育评估服务项目评价评估；资金绩效评估管理；公共教育研究与咨询等
13	山东省三方教育评估中心	2017	教育教学评估、素质水平测试、考试评价、课题研究；开展教育评估理论、标准、技术等方面的研讨、培训、讲座
14	哈尔滨哈大教育评估有限公司	2018	教育的教学检测和评价活动（国家专项规定除外）
15	国展（深圳）教育评估监测有限公司	2021	第三方教育评估监测；教育质量监测咨询

注：以上民营性教育评估机构为不完全统计，统计材料来自爱企查网页。

从整体对比来看，与评估院、研究院这类半官方性质的第三方评估机构比较，民营性教育评估机构由于其政府依附性相对较弱，还需要在教育市场中摸索，因此，其发展面临着来自各方面的挑战。

1. 民营性教育评估机构的运行机制

（1）业务领域与服务范围。民营性教育评估机构的业务领域和服务范围广泛，包括课程评估、师资评估、教学质量评估、学校管理评估等。此外，这些机构还提供教育咨询、培训、认证等服务。从委托方来看，民营性教育评估机构的服务范围是多方面的，包括来自政府部门的官方委托、学校委托及个人购买服务。政府部门的委托主要是来自教育部行政部门或督导们的委托，通常通过招标的方式开展购买服务，签订委托合同。学校委托主要通过购买服务的方式指导学校发展，如：引入第三方测评公司提供测评服务，开展教师发展和教学满意度调查以及对毕业生就业状况进校跟踪调查，等等。个人业务服务方面，主要体现在第三方教育评估机构为学生和家长提供教育评估服务，如：儿童多元能力测评、学业测评等方面。相对于来自政府和学校的项目，来自个人的业务所花费的时间周期较短，成本较小，评估公司能够在短期内获得一定的效益。①

（2）工作人员的组成。民营性组织评估机构的工作人员主要分为以下六类。

① 王璐，邹靖．市场机制下第三方教育评估机构的发展：机遇、路径与挑战［J］．教育测量与评价，2020（9）：11–21.

①评估专家。评估专家通常以兼职为主，人选主要来自退居二线或退休的教育行政人员、教育研究人员、名校长、优秀教师等。这类人员具有丰富的教育背景和教育评估经验，具备较强的专业知识、分析能力和沟通能力，可以给民营性教育评估机构提供强大的智力支持。

②研究人员。研究人员普遍学历较高，多为硕士研究生或博士生，因此是民营性教育评估机构的中坚力量。他们主要负责设计评估方案，研制评估指标、标准、测量标准以及收集、整理和分析评估数据，为评估结果的制定提供数据支持。这类人员多拥有统计学、心理测量学、数学、教育学、计算机学等相关学科背景，具有较强的数据处理能力、统计分析能力和计算机技能。

③项目管理人员。项目管理人员主要负责组织评估团队，协调评估工作的各个环节，确保评估项目按照既定计划顺利进行。同时，还需要开展实地调查、访谈、问卷调查等评估活动，收集评估所需的第一手资料。项目经理需要具备良好的组织协调能力、团队管理能力和沟通能力。

④行政及支持人员。行政及支持人员负责民营性教育评估机构的日常行政管理、财务管理、人力资源管理等工作，以确保机构的正常运行。

⑤销售和市场推广人员。销售和市场推广人员负责民营性教育评估机构的业务拓展、客户维护、市场推广等工作，以扩大机构的业务规模和知名度。

⑥技术人员。技术人员负责民营性教育评估机构的技术支持工作，包括维护评估系统、开发评估工具、处理技术问题等。

（3）评估方法与技术创新。民营性教育评估机构在实践中不断探索和应用新的评估方法和技术，以提高评估的准确性和有效性。例如，大数据分析、人工智能、互联网＋教育等技术手段的运用，使评估过程更加精细化、智能化。但就整体而言，我国民营性教育评估机构的评估技术还有待改进。有些民营性教育评估机构缺乏先进的教育评估理念，在开展业务时临时拼凑人员，没有专业的理论研发团队。

2. 民营性教育评估机构的运行特点

（1）市场导向。民营性教育评估机构在运作中注重市场需求，关注教育行业的发展趋势，以满足不同客户群体的需求。有助于机构在竞争激烈的市场环境中保持竞争力和活力。但由于这类机构在经费上没有任何固定拨款，自负盈亏，因此，评估机构需要实现营利目标，使得机构在运作中更加注重效率和成本控制。目前我国大多数民营性教育评估机构为内部技术扩展型机构，它们往往开展多种业务，而不仅仅是教育评估项目。

（2）灵活性。民营性教育评估机构在业务拓展和服务模式上往往具有较高的灵活性，能够根据不同客户的需求提供定制化的评估方案和服务，使得这类评估机构能够迅速适应市场变化和客户需求。

（3）专业性。民营性教育评估机构通常拥有一支专业的评估团队，具备丰富的行业知识和实践经验，使得这类评估机构能够为客户提供高质量的评估服务，帮助客户实现教育质量的提升。同时，民营性教育评估机构由于要获得委托方和市场的认可，往往在项目开展上做得更细致、更深入。因此，它们在教育评估领域往往更加注重技术创新和应用，例如，利用大数据、人工智能等技术手段进行数据分析和评估，有助于提高评估效率和准确性，为客户提供更为全面的评估结果。

（4）客户服务。由于民营性教育评估机构以营利为目标，市场竞争较为激烈。因此，这些评估机构需要不断提高服务质量、降低成本、创新业务模式等，以满足市场需求。它们重视与客户的沟通和合作，致力于提供优质的客户服务。包括在评估过程中与客户保持的密切沟通，及时了解客户需求和反馈，以及在评估项目结束后提供持续的支持和服务。同时，它们也与其他评估机构、政府部门、学校等保持合作与交流，共同推动教育评估行业的发展。

综上所述，民营性教育评估机构在教育评估领域具有一些独特的特点，有助于机构在市场竞争中脱颖而出，为客户提供高质量的教育评估服务。

3. 民营性教育评估机构运行中面临的挑战

（1）市场竞争激烈。随着教育行业的发展和客户对教育评估需求的增加，越来越多的评估机构进入市场，导致市场竞争加剧。从理论上来说，民营性教育评估机构由于其业务服务对象广泛，业务应该也很广泛，但在实际运营中，许多民营性教育评估机构往往遭遇很大的生存困境。由于官方与半官方评估机构具有较强的权威性、公信力和较多的政府资源，让新兴的、尚未成熟的民营性教育评估机构往往在项目获取上很难具有竞争优势。民营性教育评估机构需要不断提升自身的核心竞争力，以应对激烈的市场竞争。

（2）政策法规欠完备。政府对教育评估领域的政策法规可能会对民营性教育评估机构的发展产生影响，从现有政策和制度角度看，我国对于民营性教育评估机构相关准入和管理监督制度建设得不完备，在推进社会第三方评估制度的过程中，对于第三方教育评估机构的资质认证缺乏相应的法律法规支持，以至于新建立的第三方教育评估机构的合法地位易受到各界的质疑。[①]机构需要关注政策法规的变化，确保自身的业务符合相关法律法规要求，以避免潜在的法律风险。

（3）客户需求多样化。一是客户群体差异，民营性教育评估机构的客户群体可能包括学校、教育机构、政府部门、企业等，这些客户在教育目标、评估需求和期望结果方面可能存在很大差异。因此，满足不同客户需求成为评估机构面临的一个挑战。二是教育领域多样性。随着教育市场的不断发展，教育领域涉及的范围越来越广泛，如：基础教育、职业教育、继续教育等，意味着教育评估机构需要具备针对不同教育领域的评估方法和经验。三是定制化服务需求。客户对教育评估的需求可能非常具体和个性化，要求评估机构不断创新服务模式和评估方法，以满足不同客户的需求。

（4）专业人才缺乏。教育评估作为一项技术性极强的工作，涉及多个学科领域的复杂过程，需要评估工作人员具有教育学、心理学、统计学等多学科的知识，同时还需要具备良好的沟通、理解和判断能力。这样的综合素质对评估工作人员的要求较高，而市场上拥有这些素质的人才并不多。当前，虽然教育评估的重要性已经得到广泛认识，但在专业教育和培养方面，很多地方仍存在不足。一些高校的教育评估专业或相关课程设置不够完善，无法为社会提供足够的专业人才。许多民营性教育评估机构会聘请相关领域的专家，给予机构智力支持。但由于专家以兼职居多，并且很多已经退居二线或退休，缺乏活力。而且，在没有专业考核标准和评判的基础上，有些机构聘用所谓专家的随意性较大，对机构的专业性发展具有巨大挑战。

综上所述，民营性教育评估机构在发展过程中面临着一些挑战，需要通过不断优化服务、关注政策法规、加强人才队伍建设等，以应对这些挑战并实现可持续发展。

① 王璐，邹靖．市场机制下第三方教育评估机构的发展：机遇、路径与挑战［J］．教育测量与评价，2020（9）：11-21.

四、三种类型的教育评估机构运行模式对比

在中国，教育评估是提高教育质量和效率的重要手段。教育评估机构扮演着重要的角色，不仅负责评估教育体系的效能，也向教育政策制定者提供数据和建议。省、市级教育评估机构、行业协会教育评估机构以及民营性教育评估机构，同为第三方教育评估机构，其运作模式、权威性和影响力等方面却呈现出较大差异。

1. 运作模式方面

省、市级教育评估机构通常由政府设立，其主要任务是对该省、市、自治区的教育体系进行评估、监控和改进。这类机构的运作模式通常受到严格的法规和政策指导，往往更加规范和严谨。它们的任务、权力和责任通常由政府法规明确规定，其评估标准、方法和流程也必须符合政府法规和政策。省、市级教育评估机构的主要目标是提高省、市、自治区教育体系的质量和效率。它们通过评估教育体系的各个方面（如教师质量、课程内容、学生成绩等），识别存在的问题和挑战，然后提出改进建议，以促进教育体系的改进和发展。

行业协会教育评估机构通常由特定行业或领域的专业组织设立，其主要任务是对该行业或领域的教育体系进行专业评估。行业协会教育评估机构的运作模式通常更加专业化和个性化。它们通常根据行业或领域的特性和需求，制定特定的评估标准和方法，保证行业或领域内的教育质量和效率，但其挑战主要包括行业竞争、教育政策的变化，以及成员的需求和期望。它们既需要满足成员需求和期望，也要考虑到行业的整体利益和发展。

民营性教育评估机构通常由民营性公司或咨询公司设立，其主要任务是为客户提供教育评估服务。民营性教育评估机构的运作模式通常更加灵活和市场化。它们通常以营利为目标，通过提供高质量的评估服务来吸引和保留客户。民营性教育评估机构可能会提供一系列服务，包括但不限于教育咨询、培训、数据分析和研究。它们可能会因市场环境的变化而调整。例如，在竞争激烈的市场环境下，民营性教育评估机构可能需要通过创新服务、提高服务质量或降低价格等方式来吸引和保留客户。由于民营性评估机构的客户通常是私人企业或个人，在资金来源、评估方法、评估目标等方面可能受到市场和利益的影响，这可能会影响其评估结果在更广泛的社会环境中的接受度。

因此，从运作模式来看，省、市级教育评估机构、行业协会教育评估机构和民营性组织评估机构有着明显的差异。省、市级教育评估机构受到政府的直接监管和影响，主要负责执行和实施政府的教育政策。行业协会教育评估机构则依赖于成员间的协作，以维护和提升行业的整体水平。民营性教育评估机构则主要根据市场需求提供服务，追求商业利润。

2. 权威性与影响力

省、市级教育评估机构通常具有较高的权威性和影响力。它们的评估结果通常会被政府、学校、教师和公众广泛接受，也会对教育政策制定产生重大影响。在影响力方面，省、市级教育评估机构通常负责本地区的教育评估工作，因此，其影响力主要在本地区，但对于大的省、市、自治区来说，其影响力也可能辐射到全国。

行业协会教育评估机构的权威性和影响力通常基于其行业地位和专业能力。如果它们在行业中有较高的地位，并且能提供专业的教育评估服务，那么它们的评估结果可能会被广泛接受，并对教育政策和行业发展产生重大影响。

民营性教育评估机构的权威性和影响力通常取决于其专业能力、服务质量以及在市场上的表现。由于民营性教育评估机构运营的核心是为客户提供服务，因此它们需要密切跟踪市场动态，灵活调整策略以满足客户的需求。它们通常会投资于研究和发展，采用最新的评估技术和方法，以提供最高水平的服务。同时，它们也需要提供透明、公正和独立的评估结果，以维护其公正性和权威性。

3. 三种类型的第三方教育评估机构运作模式之特点比较

评估机构的运作模式与其权威性、影响力密切相关。运作模式是评估机构行使职能、服务社会的方式和途径，它涉及评估对象的选择、评估方法的设定、评估结果的应用等多个环节。而权威性、影响力则是评估机构运作模式得以实现的前提和保障。具体比较见表 3–5。

省、市级教育评估机构主要由政府主导，运作更加规范严谨，权威性高，影响力大，但在面对快速变化的教育环境时，反应可能较慢。行业协会教育评估机构依托于专业知识，更加聚焦于某一特定领域，权威性和影响力主要在该行业内。民营性教育评估机构则更具市场灵活性，能快速适应市场需求，但其权威性和影响力主要取决于其评估质量和公正性，以及市场份额和品牌影响力。

尽管存在上述不同，但这三种类型的教育评估机构都有其存在的必要性，都在各自的领域内对教育质量进行评估和监督，共同促进教育公平和质量提升，但是也存在一些共性问题需要注意。首先，教育评估的目的是服务于教育，任何评估机构在进行评估时，都应该以教育质量的提升为最终目标。其次，教育评估需要专业性和公正性，评估机构需要建立起完善的评估体系和流程，确保评估的结果可以真实反映被评估对象的教育质量。

表 3–5　三种类型的第三方教育评估机构运作模式对比

事项	省、市级教育评估机构	行业协会教育评估机构	民营性教育评估机构
机构属性	公务机构，属于政府部门	非营利性的社会组织	营利性的企业
资金来源	主要来自政府财政	来自行业协会会费、捐赠、服务收入等	来自服务收入、投资者等
评估项目来源	接受上级教育行政部门委托	由行业需求和会员需求决定	由市场需求决定
评估依据	政策要求和教育规范	根据行业标准和会员需求	根据客户需求，灵活制定评估标准
权威性	高，得到政府的认可和授权	中等，受到行业内的认可	取决于市场信誉，可高可低
评估方法	通常采用政策分析、质性研究等方法	根据行业特性，可能采用定性和定量研究方法	更多依赖于数据分析、市场调研等定量方法
评估结果反馈	通常反馈给政府部门和被评估的教育机构	通常反馈给行业内的相关机构和被评估的教育机构	主要反馈给客户和公众

第二节　我国第三方教育评估机构机制存在的问题

推进教育管办评分离，实质上是构建政府、学校、社会之间的新型格局，是全面深化教育领域综合改革、全面推进依法治教的必要要求，是进一步激发教育活力、去除教育行政化、破解教育痼疾、回归教育本真所采取的重大举措。随着我国教育体制改革的不断深化，政府、学校、社会三者关系已逐步理顺，我国教育评估机构的建设、改革和发展取得了一些进展，但总体上还跟不上我国教育事业发展的步伐，仍存在着诸多困难。评估机构在主体、权力和环境等方面还存在几个方面问题。

一、评估机构主体性缺乏，项目来源依赖性强

我国目前的第三方教育评估中，大多数教育评估机构都存在主体性缺失的问题，过多依赖政府，缺乏独立自主性。具体表现在以下方面。

1. 政府主导下的评估主体单一

在当前的教育评估体系中，政府部门往往扮演主导角色，而其他潜在的评估主体（如民间机构、第三方机构、学术机构等）参与度相对较低。这种单一的评估主体结构可能导致评估过程中的客观性和独立性受到限制。

（1）评估客观性受限。伴随着我国政府机构改革和职能转变，当前大多数省、市、自治区教育评估院（中心、所）成为独立法人，但在实际运行中依然与政府保持着上下级的关系，政府部门在评估中扮演主导角色，可能存在行政干预、利益冲突等问题。这些因素可能影响评估结果的客观性，使评估结果无法全面反映教育的真实状况。行业协会评估机构能有效弥补由于政府在行业管理某些方面的退出而导致的管理真空，但其管理职能实际仍由政府把持，在运行上部分行业协会往往会受到政府相关部门的干预，其领导团队、经费来源、管理机制、工作性质仍带有官办性质。民营性评估机构虽然没有官方性背景，但在评估实践中的第三方评估行为的独立性也不是很强。同时，在评估过程中，由于受到官方或半官方性质教育评估机构的挤压，力量甚微的民营性教育评估机构为了能够从政府评估业务中“分得一杯羹”，不得不寻求委托政府的支持，具体的评估过程受到政府的影响和制约，

与政府形成事实上的依附关系。[①] 如某地区政府要求对本地教育水平进行评估，以评估结果作为衡量政绩的标准。在这种情况下，政府可能会对评估过程和结果施加压力，使评估结果呈现出对政府有利的一面。

（2）评估方法和视角缺乏多样性。政府主导的评估如果侧重于对政策执行情况的检查，而忽略了教育实践中的创新和多样性。这可能导致评估方法和视角的单一化，使评估结果无法全面反映教育的多样性和复杂性。如：过于关注教育投入、硬件设施等硬性指标，而忽视了教学质量、教师素质、学生发展等软性指标。

（3）评估公信力受损。由于政府主导的评估可能受到行政干预和利益冲突的影响，社会各界可能对评估结果的公正性和可信度产生怀疑。这种情况可能削弱评估结果在政策制定和教育改革中的引导作用。

（4）资源配置效率低下。政府评估机构可能过于关注政策目标和行政要求，而忽视了教育资源在基层学校的实际需求。由此可能导致资源配置的低效，无法实现教育资源的最优利用。

2. 评估经费来源缺乏供给性

目前，绝大多数公益一类的省级教育评估机构的经费来源于财政拨款，除此之外，部分公益二类的教育评估机构还通过承接评估项目来收取费用，但所承接的项目中基本以政府教育行政部门委托为主，只有少数是来自社会组织，且其处于附属地位，能够自主开发和进行的项目更是屈指可数。评估机构自筹资金、咨询项目的能力欠缺，自身的创新发展能力不足，并没有足够的经费和资源来发展评价技术、培养评价人才、开发和施测有创新的评价项目。随着教育评估市场的发展，越来越多的民营性第三方教育评估机构涌现出来，它们在经费来源方面更缺乏稳定性，在这种竞争激烈的市场环境下，第三方评估机构需要依赖于市场和评估业务的不断拓展，付出更多努力，才能在市场中脱颖而出，获得更多的评估业务。这些因素可能受到市场波动、政策变化等不确定因素影响，因此给民营性教育评估机构在经费来源方面带来了挑战。

---

① 韩喜梅．我国职业教育质量第三方评估机制研究［D］．天津：天津大学，2019：71-73.

3. 评估项目来源依赖性强

评估机构项目来源依赖性强主要体现在以下四个方面。

（1）项目收入依赖。评估机构的主要业务是提供教育评估服务，其运营主要依赖于各类评估项目的收入，因此，如果机构无法获得足够多的评估项目，就可能面临资金压力。

（2）缺乏其他业务线。许多教育评估机构仅专注于评估业务，服务政府部门或某个特定客户，缺乏其他业务线的多元化开发，使得这些机构对项目来源的依赖性增强。

（3）对特定项目的依赖。在某些情况下，教育评估机构可能会对特定类型的项目产生过度依赖，例如，评估规模较大、收入较高的项目。在这种情况下，如果市场需求变化，这类项目的数量减少，评估机构就会面临困境。

（4）依赖外部项目的技术和方法。如果评估机构在技术和方法上过于依赖外部项目，那么机构就可能在自我发展和创新上受到限制。

二、评估机构机制建立还不完善，缺乏先进的理论引导

1. 教育评估立法滞后，评估机构的权利义务难以保障

教育评估作为教育领域的重要组成部分，对于推动教育改革，提升教育质量有着至关重要的作用。然而，当前我国的教育评估立法相对滞后，评估机构的权利义务难以得到有效保障，这个问题需要得到社会各方的关注。我国教育质量保障体系建设的法律法规的滞后以及不健全是整个国内教育评估机构领域所共同面临的问题。"一个没有明确法律地位的组织很难说它是成熟的组织，以至于人们会对其合法性提出质疑。"[①] 目前，我国尚未对教育评估有明确的法律规定，评估机构与政府、学校、社会之间的相互关系没有明确的法律界限，在评估实践中难以做到有法可依，这给评估机构的建设和发展带来体制上和机制上的障碍，无法为自身争取评估资源，其生存与发展难以为继。教育评估评估机构的命运更多地依赖于行政机关的重视程度和领导班子的决策水平。

① 王建华．我国大学与政府间中介性组织的现状、原因与对策［J］．青岛科技大学学报（社会科学版），2002（3）：1-6.

（1）教育评估法法规的缺失。虽然我国已有一些关于教育评估的法规，如《中共中央关于教育体制改革的决定》《普通高等学校教育评估暂行规定》《中国教育改革和发展纲要》《中华人民共和国教育法》《中华人民共和国高等教育法》《国家中长期教育改革和发展规划纲要（2010—2020年）》等，但这些法规对教育评估的规定比较宽泛，缺乏对教育评估实施的详细操作规定。这就导致了教育评估在实施过程中，评估标准、评估方式、评估结果应用等方面的规范性不足，甚至出现了一些权宜之计和主观随意的现象。

（2）评估机构的权利义务难以保障。在没有详细的法规规定的情况下，评估机构在进行教育评估时，其权利如何行使，义务如何履行，都存在一定的模糊性。比如，评估机构应有权获取必要的评估信息，但是在实际操作中，这一权利往往难以得到保障。同样，评估机构有义务保证评估的公正性，但在没有明确法规约束的情况下，评估公正性如何保障，也存在困难。这些问题不仅影响了评估机构的正常运作，也可能影响到教育评估的有效性。

2. 教育评估机构的制度建设不够完善

教育评估机构是负责对教育系统内各种要素、过程和结果进行客观、科学评价的专业机构，其制度建设的完善性，直接影响到评估活动，进而影响到教育质量和教育公平的实现。然而，在我国的教育评估领域中，我们看到其制度建设仍然存在一些问题。

（1）教育评估机构的内部管理制度不够完善。许多教育评估机构内部的管理制度主要依赖于经验和人为操作，缺乏一套系统的、科学的、规范的内部管理制度。这不仅影响了评估工作的有效进行，也对评估结果的准确性造成了一定的影响。

（2）教育评估机构的评估制度建设滞后。评估制度是指教育评估机构对教育评估活动进行规范和约束的一系列规则和规定。然而，现有的评估制度在很多方面都不能满足教育评估活动的需求。例如，对于评估对象、评估内容、评估方法、评估标准、评估结果的处理等都缺乏明确和详细的规定。同时，评估机构应该定期进行自我评估，以检验其工作的有效性和合规性。并且，社会对评估机构的监督也是保障评估公正性和公平性的重要手段。这使得教育评估活动在很大程度上依赖于评估工作人员的个人经验和判断，从而影响了评估活动的科学性和规范性。

（3）教育评估机构的职权和责任制度不明确。教育评估机构的职权和责任应该明确规定在制度中，以保障评估活动公平公正地开展。然而，现有的制度中，对教育评估机构的职权和责任的规定往往比较模糊，这使得教育评估机构在进行评估活动时，往往存在权责不明、权责不匹配的问题。

（4）教育评估机构的队伍建设制度亟待完善。教育评估活动的实施，离不开专业的评估工作人员。然而，现有的制度中，对评估工作人员的选拔、培养、使用、考核等方面的规定往往不够完善。这使得评估工作人员队伍的专业素质和能力无法得到有效保障，进而影响了评估活动的质量。

3. 教育评估机构缺乏先进的理论引导

我国教育评估工作长期由政府主导，要想打破传统的体制，需要改革的勇气和力量，任何一种革新都是破与立的统一，是一种从思想到行为的颠覆，必须有破立的土壤和坚实的基础。[①] 当前中国教育评估机构还缺少先进的理论支持。[②]

（1）教育评估发展起步较晚。与发达国家相比，中国教育评估事业起步较晚。许多发达国家的教育评估理论和实践已经有较长的历史和丰富的经验，而中国在这方面仍然有一定的差距。教育评估是一门综合性、交叉性、边缘性的教育学科，以马克思主义哲学为基础，以教育学、心理学、教育管理学为理论基础，[③] 国外教育评估的理论还涵盖了经济学、统计学等理论，研究涉及评价标准、评价模式、评价制度，以及评估机构运行制度、评估机构独立性、发展性及问责性等。[④] 与之对比，我们的教育评估机构在先进理论支持方面存在不足。

（2）缺乏系统的教育评估理论体系。虽然近年来中国的教育评估研究取得了一定的进展，但仍然没有形成完整、系统的理论体系。具体表现在教育评估实践中，教育评估的原则、方法、标准、过程和结果等多个方面缺乏系统化、标准化的理论支撑，如：评估原则不明确、缺乏科学有效的评估方法、评估标准不统一、评估过程不够透明、评估结果的解读和应用缺乏指导等。建立系统的教育评估理论体系是提高教育评估质量的重要途径，这需要

---

①④ 王曦．高等教育第三方评价制度创新研究［D］．南充：西华师范大学，2019：42.

② 苏艳红．民办高校开展教学质量第三方评价的理性思考［J］．黄河科技大学学报，2014（2）：10–12.

③ 程书肖．教育评价方法技术［M］．北京：北京师范大学出版社，2007：10.

教育评估机构、教育研究机构、政策制定者等多方面的努力和合作。

（3）教育评估研究重实践轻理论。当前，中国教育评估研究更注重实践操作，而对理论研究相对不足。具体表现在：第一，教育评估机构面临巨大的实践压力，包括完成教育行政部门的需求，回应社会对教育质量的关注等。第二，教育评估理论的研究成果往往较难直接应用到实践中，使得教育评估机构在面临实践压力时，更愿意投入实践活动中，而不是理论研究。第三，教育评估领域的学术基础相对薄弱等方面限制了教育评估理论的创新和发展，影响了教育评估机构在先进理论支持方面的提升。

（4）人才培养和引进不足。教育评估的人才队伍所依赖的是庞大的智力支持系统，而非个人化的、专断的学术寡头权力和官方权力。当前，中国教育评估领域的专业人才仍相对匮乏，尤其是具有国际视野和先进理论研究能力的高层次人才还比较少，导致教育评估机构在理论支持方面难以形成突破。

（5）国际交流与合作有待加强。国际交流与合作是推动学科发展、提高学科水平的重要方式，教育评估也不例外。在我国，教育评估机构在国际交流与合作方面相对较弱。主要原因为：第一，语言和文化障碍。虽然英语已经成为全球通用的语言，但是我国还有很多的教育评估机构在英语交流上面临困难。这不仅限于语言的理解和表达，还包括对于西方文化、教育理念的理解和接纳。第二，制度差异。我国的教育制度与西方国家存在显著差异，这种差异可能会阻碍教育评估机构与国际机构的深度合作。例如，评估指标、评估方法和评估理念等方面可能都存在不同。第三，缺乏国际视野。一些教育评估机构可能过于关注本地区或者本国的情况，忽视了与国际接轨，不愿意走出去，或者没有意识走出去的重要性。第四，资源有限。进行国际交流与合作需要投入相应的资源，包括人力、财力、时间等，但是一些教育评估机构可能由于资源有限，无法进行有效的国际交流与合作。因此，与国际先进的教育评估理论和实践相比，我国的教育评估机构在国际交流与合作方面仍有较大的提升空间。

三、评估机构专业化程度有待提高，权威性有待加强

1. 评估工作人员的构成及素养有待提高

教育评估机构在开展评估工作时，核心资源是评估工作人员。教育评估是一项需要深厚的教育背景和丰富专业知识的工作，理想的教育评估团队应

该是一个多学科的团队，包括教育学、心理学、统计学、管理学等各个领域的专家。这是因为教育评估涉及的问题既有教育实践层面的，也有数据分析和管理决策层面的，多学科的团队确保从多个角度对教育进行全面和深入的评估。然而，现状是许多评估机构的评估工作人员可能在某一领域有深厚的专业素养，如教育教学或者数据统计，但在其他领域如教育政策或者心理咨询则相对欠缺。这就可能导致评估结果的全面性和准确性受到影响。比如，在评估教育质量的时候，如果忽视了学生的心理状态和社会背景，就可能得出片面或者错误的结论。

（1）教育背景和专业知识不足。教育评估是一项高度专业化的工作，需要有扎实的教育背景和专业知识，对教育政策、教育理念、教学方法等有深入的理解。此外，还需要具备出色的数据分析能力和对教育评估理论的深度理解。然而，当前的现状并未达到理想的水平。我国大部分评估机构依附于政府，较多的兼职评估专家多为退休或退出教育一线的行政人员、高校领导或教师，他们虽有丰富的实务经验，但由于长时间未直接参与教育一线工作，视野与评估能力可能会逐渐下降，不能适应教育环境的快速变化。

一些小的教育评估机构的评估工作人员教育背景和专业知识参差不齐，一定程度上是由于教育评估行业的门槛低和相关职业认证制度不完善造成的。这些评估工作人员没有经过系统、专门的培训，对于如何进行科学的数据采集、如何设计合理的指标体系以及如何得出有说服力的分析结论，缺乏足够的知识和技能。这些问题使得教育评估工作往往更像是一种事务性工作，而非研究性的。它们削弱了教育评估的专业性，使评估结果的科学性受到挑战，而且也影响了教育评估行业的声誉和公众的信任。

（2）评估工作人员的评估技能需要提高。教育评估不仅需要理论知识，更涉及多种评估技术和方法，如：数据分析能力、解决问题的能力、项目管理能力等方面的实践技能。教育评估工作人员需要熟练掌握并运用这些技术和方法，但现实情况是部分评估工作人员的技术技能和方法论水平有待提高。

首先，许多评估工作人员在数据处理和分析上的技能不足。这就可能导致在收集、整理和解读数据的过程中出现错误，从而影响评估结果的准确性。比如，评估工作人员可能没有掌握运用复杂的统计方法来分析大量的教育数据的技能，或者没有能力正确地解读数据分析的结果，这就可能导致评估的结论出现偏颇。

其次，一些评估工作人员在解决问题的能力上也存在短板。教育评估工作中常常会出现复杂的问题，如：如何设计有效的评估指标、如何处理缺失数据等。如果评估工作人员缺乏解决这些问题的技能和经验，就可能导致评估的质量和效果受到影响。

再次，教育评估工作需要良好的项目管理能力。评估工作人员需要有效地组织和协调评估团队的工作，才能保证评估工作按时按质完成。然而，一些评估工作人员在这方面的技能和经验相对不足，就可能影响到评估工作的进度和效率。

（3）实践经验不足。教育评估工作需要大量的实践经验的积累，因为教育问题复杂多变，单靠理论知识往往无法完全解决实际问题。评估工作人员需要在实践中不断学习、总结、反思，以提高自身的评估能力。然而，一些评估工作人员可能缺乏足够的实践经验，会影响他们对评估对象的理解和评估方案的设计，从而影响评估效果。

举例来说，初入职场的评估工作人员可能尚未有过全面的教育评估经验，他们在理解教育现状、识别关键问题、设定评估目标和采取适当评估方法方面可能会遇到困难。同时，由于他们尚未完全理解教育评估的复杂性和不确定性，他们可能会过于依赖书本理论，忽视实际情况的独特性。

再者，即便是有一定经验的评估工作人员，如果他们过于依赖自己的以往经验，而没有尝试新的评估方法和技术，也可能会影响评估的质量和效果。他们可能会对新的教育问题缺乏足够的理解，或者无法制定出适应新情况的评估方案。因此，评估工作人员需要不断参与实践，积累和更新自身的经验。同时，他们也需要学会从实践中学习和反思，以不断提升自身的评估技能和能力。而为了提供更多的实践机会，教育评估机构应当采取有效的措施，如设置实习和实践项目、提供持续的专业发展机会等。

（4）持续学习和发展的意识不强。教育评估是一个快速发展的领域，新的理论、方法和工具不断涌现，对评估工作人员来说，持续的学习和专业发展更是一种职业要求。他们需要保持对新知识、新技能的求知欲，以便掌握最新的知识和技术，适应教育评估领域的变化。然而，现实中，部分评估工作人员可能对此认识不足，满足于现有的知识和技能，对行业的新发展和变化关注不足。这种情况将直接影响他们的工作表现和效果。由于没有跟上最新的理论和技术，他们可能无法有效地处理新的评估问题，也无法充分运用新的评估工具和方法。从长远看，这不仅会限制他们的职业发展，也可能会影响整个教育评估机构的发展和效能。

总的来说，教育评估机构的评估工作人员构成及素养问题是一个复杂的问题。教育评估机构需要对此问题给予足够的重视，鼓励和支持评估工作人员进行持续的学习和专业发展。同时，评估工作人员本身也需要树立持续学习和发展的意识，主动更新和提升自身的知识和技能。只有通过全面和深入的改进，才能真正提高教育评估的质量和效果，促进教育评估的健康发展。

2. 评估工作流程专业化程度不高

教育评估的专业化程度不仅表现在评估工作人员的专业素质上，更重要的是体现在评估工作流程的专业化程度上。评估工作流程的专业化程度，是指评估机构在进行教育评估时，能否按照科学、严谨、公正的标准和方法进行，是否能确保评估结果的可靠性和有效性。然而，目前我国教育评估机构在评估工作流程的专业化程度方面，还存在一些问题和挑战。

（1）评估流程的管理和控制问题。评估流程的管理和控制是评估工作质量的重要保障，涵盖了评估的前期筹备、中期实施，以及后期反馈和改进等各个关键环节。目前我国部分教育评估机构在的评估流程设计存在不合理之处，可能过于复杂或烦琐，导致评估效率低下，而且耗费的人力、物力和财力过多，从而增加了评估成本。此外，还有一些教育评估机构对于评估流程的控制力不足，管理体系不健全，导致在执行评估过程中出现偏差或误差，直接影响到评估结果的准确性和可靠性。例如，数据收集和处理环节的误差控制不严，可能会导致评估结果出现偏差；反馈环节的处理不当，可能会使得评估结果无法被正确理解和接受；等等。

（2）评估数据的收集和处理问题。评估数据的质量直接影响到评估结果的可信度，因此在数据的收集和处理环节，评估机构需要十分谨慎和严谨。当前，我国部分教育评估机构在这一领域存在一些不足。例如，有的在数据收集时依赖单一的数据来源，忽视了从多元视角和维度获取信息，这就可能使得评估结果缺乏全面性，无法准确反映教育现象的复杂性和多样性。还有的在数据处理环节由于技术手段不足或者处理过程不严谨，导致原始数据在处理过程中出现失真或者偏颇，从而影响了评估结果的真实性和准确性。例如，数据清洗和整理的过程中，如何处理缺失数据、异常数据等问题，直接关系到最后的评估结果。

3. 评估方法和技术专业化程度不高

教育评估是一个系统性、复杂性极强的活动，涉及多学科、多领域的知识和技能，尤其在方法和技术上，要求评估工作人员具备较高的专业化程度。但目前我国的教育评估机构在评估方法和技术存在以下问题。

（1）评估方法选择的科学性不足。评估方法的选择对于评估活动至关重要，其决定了评估结果的准确性、可信度和有效性。目前，我国教育评估机构在选择评估方法上存在科学性和严谨性把握不够的问题。一方面，一些评估机构过于依赖经验和主观判断，而忽视了科学性和理论依据的考量。这种非科学的方式可能导致评估方法的选择具有偏见，影响评估结果的公正性和可信度。另一方面，部分评估机构在选择评估方法时过于单一，缺乏多元化的视野。他们倾向于依赖一种或几种熟悉的评估方法，而忽视了其他可能更适合具体评估情境的方法。这种现象可能使得评估结果失去全面性，无法充分反映评估对象的多元性和复杂性。此外，也有一些评估机构选择的评估方法过于复杂，导致评估过程变得难以理解和操作，缺乏透明度。

（2）评估技术运用的专业化程度不高。评估技术，作为评估方法的实施手段，包括数据收集、处理、分析等关键环节，直接影响着评估结果的可信度。然而，在当前的教育评估实践中，还有部分评估工作人员在使用这些评估技术时，面临专业训练不足和理论理解不深的问题或对相关技术和工具的使用掌握不够熟练，这可能导致在数据收集和处理过程中出现错误或遗漏，影响评估结果的准确性。同时，缺乏对评估技术深入理解的评估工作人员，可能无法准确理解和解读数据分析结果，这会影响评估结果的解释和应用，甚至可能导致错误的决策。

（3）评估工具的开发和使用存在问题。当前，我国的一些教育评估机构在开发和运用评估工具的过程中存在一些问题。一方面，部分机构在开发评估工具时，可能过于注重实用性，而忽视了工具的科学性，导致评估工具无法全面、准确地测量出所需的数据。另一方面，一些评估机构在使用评估工具时，可能没有足够的专业知识和技能，这可能导致评估工具的使用方法不正确，或对评估结果的解读有误，从而影响评估结果的可信度。

此外，在当今的信息科技时代，教育评估对信息化的应用和评估工具及方法的更新呼声越来越高。一些发达国家已经开始采用结构方程模型、多层次线性分析等先进的教育测量和统计方法，以提升教育评估的科学性和精确性。而在我国，第三方教育评估机构和组织发育不良，尚未具备全面对接管办评分离治理体系的能力。对于部分财政紧张、专业资源匮乏的地区，在第三方组织大规模承接政府转移的评估和咨询等业务的过程中，面临教育评价“高成本”“低收益”的困境。再者，国内专门针对评估工作人员的职业许可和培训体系还未完全建立，评估机构的人员往往缺乏系统性和专业性的训练，这对提高评估的专业性和科学性构成了挑战。

第三节　第三方教育评估机构瓶颈问题的深层逻辑

历年来，我国政府在教育政策和文件中对于教育评估的管理和办理分离，以及第三方评估思想的关注和重视度日益加强。随着政策的推动，全国各省、市、自治区积极建立独立的教育评估机构，同时民间也相应地设立了许多具有评价性质的社会组织和企业。这些第三方教育评估机构的出现，增强了教育评估的多样性和独立性。然而，从大体来看，我国的第三方教育评估机构尚在发展阶段，规模相对较小，权威性和公信力有待提高。此外，这些机构之间缺乏有效的协同和配合，往往各自进行评估工作，导致资源分散，效率不高。这些问题的出现，实际上是多种因素共同作用的结果，包括但不限于人员素质、评估方法和技术、管理体制、法规政策等。因此，推动我国第三方教育评估机构的健康发展，需要在多个层面上进行持续的努力和改进。①

一、政府制度策略与组织发展进程滞后，政府强势作用惯性与第三方评估独立性要求的矛盾

政府对教育评估机构的管理和监督对于评估机构的建设和发展具有决定性的影响。但在现阶段，我国政府在对第三方教育评估机构的管理和引导上存在以下问题。

① 漆玲玲．我国高等教育质量第三方评估模式研究［D］．武汉：武汉大学，2011：56.

1. 政府对第三方评估机构的主体概念及其性质未明确

第三方教育评估意味着原有政府部门要放权、让权、限权，这是政府部门不容易做到的。国家虽然在有关政策中提出委托社会组织开展评估监测，但却没对委托的“社会组织”做明确的界定。这个“社会组织”或是由政府主管的事业单位，或是半事业性质的社会组织，也可以是能开展评估业务的企业。在我国的教育评估体系中，政府既是教育的提供者，又是教育的监管者，这种双重身份使得政府在处理教育评估中的问题时，往往陷入自我纠结的困境，所以在一些地区，体制改革尚未跟上政策精神，仍有比较强的惯性存在。这种角色混淆影响了评估结果的权威性，也削弱了第三方教育评估机构的地位。

2. 政府对第三方教育评估机构的支持和引导力度不足

第三方教育评估机构的建立必须要有政策保障，如果没有政策保障，就得不到政府和公众的认同，更不具备合法性。当前，政府部门还没有建立一套完善的评估机构培育机制，包括评估机构的注册审批方案、评估机构准入机制、购买服务标准、项目委托及管理机制等制度。从全国范围看，目前仅有极少数的省（市、自治区）出台了省级层面的第三方评估办法，如山东省的《山东省第三方教育评价办法（试行）》、北京市的《北京市人民政府教育督导室关于委托第三方机构开展教育评估监测工作暂行办法》等，但是都是一种短期探索式政策，政策效力较低，且其将高等院校作为第三方组织之一，与真正意义上独立于评估对象、政府之外的客体要求相距甚远。更重要的是，无论是国家层面还是省级层面的政策都未提出相应实质性程序或组织上的制度规范，仅对社会评价指标的优化完善，或对第三方评估的支持，或对相关主体的权责做面上的规定是远远不够的，一旦涉及实操问题，往往很难发挥强制约束力作用。①

总的来说，政府对教育评估机构重视度不够，对承接项目的机构存在着特定的权力影响等方面的障碍。② 在资金支持上，如能提供更多的资金支持，第三方教育评估机构的发展就会有更大的动力。

① 胡晓娟．增强适应性：职业教育第三方评估政策优化突破［J］．中国职业技术教育，2021（34）：30-37.

② 周家荣，李慧勤．教育管办评分离：实质基础、行动逻辑和体制障碍［J］．高等教育研究，2016（7）：16-20.

3. 在组织机制上，评估机构之间缺乏沟通联系

目前，从国家到省市级教育评估机构网络初具形成了三级评估网络，但实质上评估机构之间存在着各自为政、缺少联系的现象。在地域分布上，也呈现出不平衡性。具体表现为：一是信息共享不足。评估机构各自进行的评估工作，对评估方法、评估结果等信息的共享可能不足，这使得每个评估机构只能依赖自身的经验和资源进行评估，难以从其他机构的评估实践中学习和借鉴，影响了评估效率和评估质量。二是协作机制不健全。尽管有各种形式的会议或其他沟通渠道，但如果缺乏系统、规范的沟通机制，没有统一的交流平台或交流平台的运作不顺畅，交流的频率、深度和广度不足等，沟通仍然无法顺畅。

二、评估机构机制构建还有待完善，专业性和市场性不足

1. 缺乏一套专业规范和行业准则

当前，我国教育评估行业自上而下缺乏一整套专业规范和行业准则，这不仅包括对评估机构的资格认证机制的缺失，而且也没有明确规范的评估从业人员资格认定和考核制度。这样的情况导致评估行业的质量标准不统一，评估结果的可信度受到质疑，同时也给行业内的不正当竞争留下空间。与此同时，整个教育评估行业本身也基本上处于松散状态，缺乏行业自律管理机构和运行机制。没有有效的行业内部监管机制，使得教育评估行业在遇到问题时缺乏相应的协调和解决机制，且容易导致评估结果的公正性和公平性受到影响。

此外，我国教育评估机构的内部管理也尚不规范，还没有形成一套科学有效、完整可行的从业人员活动标准，以便引导、约束和监督评估工作人员的行为。这导致评估机构内部对评估工作的流程和要求无法达成共识，难以保证评估的规范性和有效性。对评估活动过程的研究和管理也较少有专业化的规范，以上种种问题不仅影响了评估的准确性和可靠性，也使得评估过程难以进行有效的优化和改进。①

① 李亚东．我国高等教育外部质量保障组织体系顶层设计［D］．上海：华东师范大学，2013：92.

2. 评估机构的运行和管理模式单一

我国第三方教育评估机构普遍面临的一个问题是运营和管理方式的单一性。这种模式主要表现为许多机构运营过程主要依赖于政府的经费援助和项目输入，这在一定程度上约束了评估机构的自主运作和灵活应变能力。例如，在需要调整评估策略、优化工作流程或引进创新手段时，他们可能会面临诸多阻碍。这种单一的运营模式也让评估机构在应对复杂多变的教育评估任务时，显得捉襟见肘。他们在应对教育环境的快速变化，以及对新兴的教育模式、教育政策和教育技术的评估时，往往缺乏合适的评估框架和手段。由此，过分依赖政府资金和项目的运营方式，可能对评估的独立开展产生不利影响。当评估机构的主要资金来源与被评估对象存在直接或间接的联系时，可能会对评估结果带来潜在的影响。

因此，教育评估机构需要积极摆脱运营和管理模式的单一化，寻求多样化的运营路径，提高自主运作和应变的能力。其中包括寻找多元化的资金来源，提升自我运营的能力，构建能适应多元化教育评估任务的评估框架，同时保持评估的公正性和独立性。

3. 缺乏持续的质量监控和改进机制

我国的第三方教育评估机构在运行过程中，往往缺乏持续的质量监控和改进机制。由于没有建立有效的反馈机制和实时调整方案，评估的质量和效果往往难以得到有效的反馈和改进，使得评估工作的质量和效果难以得到有效保障。这不仅导致了评估机构的工作效率低下，也影响了评估结果的准确性和可靠性，从而难以转化为实际的教育改进措施，以致无法对提升教育质量产生实质性的影响。

4. 缺乏独立的评估机构

在我国，真正具有独立性的第三方教育评估机构相对较少。许多评估机构在实际运作中，往往在一定程度上受到政府或其他组织的影响，这不仅可能对评估机构的独立性和公正性造成影响，也可能影响评估结果的客观性和公信力。在实施教育评估机构“管办评”分离的过程中，教育部门、学校、社会第三方教育评估组织的角色和职责都发生了显著的变化。

目前，我国的管办评分离改革尚处于初级阶段，仅仅依赖政府的倡导，或者单独依赖第三方教育评估机构的自身努力，或者仅仅依赖社会对独立评估的热切期望，都很难实现真正的改革和发展。因此，教育主管部门、学校以及现阶段还相对弱势的第三方教育评估机构之间，需要建立起有效的联系、交流和合作平台，以改变目前各自为战的局面。只有通过这样的相互协调、协作和共进，我们才能有效地推动第三方教育评估的发展，以提升其独立性、公正性以及对评估结果的客观性和公信力的维护。[①]

三、第三方教育评估机构的社会存在价值有待提升

当前具有评价职能的社会组织力量单薄、独立性不强，受到政府权力的影响还较大，要推动第三方教育评价的良性发展，除了多方联动之外，也需要加强自身建设。

1. 社会对教育评估的理解和重视不足

在教育界，对教育评估的理解和重视还不够深入。有人可能认为，教育评估就是简单的测试和评分，而忽视了教育评估的多元性和复杂性。另外，对于教育评估的研究和实践，也没有形成足够的重视和投入。

从社会环境层面来看，社会对教育评估的认识不足，往往过于关注评估结果，而忽视评估过程和评估方法的科学性，这可能导致评估机构过于追求评估结果的短期效应，而忽视长期的教育改进。社会认知问题可能会严重影响教育评估机构的工作效果和社会存在价值。解决这个问题需要教育评估机构做好公众教育工作，提高其工作的透明度，以及建立和维护其独立公正的形象。

2. 第三方教育评估机构权威性难以形成

权威性是评估机构的重要特性之一。只有具备一定权威性的评估机构，其评估结果才能得到社会各方的认同和尊重。而政府支持的评估机构往往因为有政府的背书，容易获得较高的权威性。同时，政府机构通常有较丰富的资源，包括资金、人力等，这也有利于评估机构进行高质量的评估工作。与此同时，评估机构作为政府的一部分，或者受到政府的支持，也可能带来一些问题。首先，它可能影响评估机构的独立性。其次，新兴的行业社会组织对评价标准的理解和运用可能存在问题，评估队伍的专业水平也有待提升，这可能导致评估的科学性受到质疑，从而影响评估机构的权威性。

① 储朝晖．迟迟不就位的第三方教育评价［EB/OL］．（2016-01-26）［2023-02-10］．http://theory.people.com.cn/n1/ 2016/0126/c49157-28084356.html.

因此，评估机构需要在权威性与独立性之间寻找一个平衡点。一方面，评估机构需要得到政府的支持，以获得必要的资源和社会信任；另一方面，评估机构也需要保持其独立性，以保证评估结果的客观性。同时，评估机构还需要不断提升自身的专业水平，以提高其评估的科学性。

3. 政府职能转换的路径依赖

在实际环境中，评估机构的生存和发展面临着诸多挑战，其中之一便是政府职能转变的不彻底，这给评估机构带来了压力。一方面，政府在职能转变过程中的“路径依赖”现象，使得政府可能更倾向于保留对教育评估的直接控制权，而非将其适当下放或转移。另一方面，因为教育评估涉及政府的既定利益，政府行政部门往往视其为一种不能轻易割舍的权力。这使得评估机构的独立性和专业性难以得到充分的保证。因此，评估机构往往不得不依赖政府，才能获取其生存和发展所需的政策支持和资源保障。然而，这使得评估机构的运作变得复杂，其权威性和公信力也可能受到质疑。要解决这个问题，政府需要进一步推进职能转变，真正实现管办评的分离。同时，评估机构也需要强化自身建设，提升其专业能力，以提高其在公众心中的信任度。

此外，评估机构需要构建一种有效的政府与评估机构的合作机制，这既能保障评估机构的公共性，也能尊重和保护其专业性。只有在政府和评估机构共同努力下，我们才能成功打破路径依赖的局限，使教育评估真正达成公正、独立和专业的目标。

第四章
教育评估机构的国际比较与借鉴

作为教育管办评分离改革中一种重要的治理主体，很多国家根据本国国情，建立起教育治理保障体系，成立了科学完善的教育评估机构，并选择适合本国特色的教育评估发展道路。

自 20 世纪 80 年代开始，国际上掀起了高等教育质量保障运动。政府支持成立各类外部质量保障机构（我国习惯称为“评估机构”），以评估、审核和认证为基本形式，“以外促内”提高高等教育质量，同时为政府加强宏观管理提供专业服务。[①] 自 1933 年始，美国进步教育协会进行了历时八年的教育评估试验，并取得了良好效果。此后，教育评估作为教育管理手段，在美国被广泛应用，并传到欧洲各国。[②③] 美国、英国、法国、荷兰、加拿大、日本、德国、澳大利亚等国是世界上教育管理体制较为发达的国家，拥有较为成熟的教育评估体系和较为成型的外部评估机构，不论是在第三方评估的理论还是实践层面上，都积累了十分丰富的经验，形成了独具特色的评估模式。因此，本章对国外主要评估机构机制进行国际比较研究，以期为我国第三方评估机制的建构提供可借鉴经验。

---

① 西华师范大学教学督导与评估中心．国（境）外部分高等教育评估机构的设置及比较［EB/OL］．(2018-06-26)［2023-02-10］．https://pgzx.cwnu.edu.cn/info/1008/1161.htm.

② 李忠尚．软科学大辞典［M］．沈阳：辽宁人民出版社，1989：7.

③ 李忠尚．软科学大辞典［M］．沈阳：辽宁人民出版社，1989：18.

第一节 国外第三方教育评估机构的发展与运行

第三方教育评估机构在全球范围内已有数十年的发展历史，其发展历程因地域、文化、政策等多种因素不同而呈现出多样性。

一、美国第三方教育评估机构的发展与运行

（一）美国教育评估机构的产生与发展

美国的教育评估从20世纪开始起步，是世界上最早建立教育评估制度的国家。美国各类教育标准并不像其他国家那样由中央政府来制定和决策，而是将权力交由各个州。在这样的背景下，全国各个地区和学校自发成立了一些民间性质的协会组织，这些协会在发展过程中逐渐形成了对学校或对专业进行评估的做法。[①] 早在1784年，美国纽约州就首先设立了一个先驱性的学校评监组织——纽约州立大学董事会（The Regents of the University of the State of New York），该团体拥有独立的法人，机构主要负责全纽约州高等教育机构的各项事务。自美国南北战争以后，特别是《莫利尔法案》颁布实施以后，经济的快速发展带来了高校数量的大幅度增加，高校数量的增加跟配套设施脱节，导致学校办学质量出现问题，出于对高校办学质量的高度重视，在各个区域具有地方性质、行业组织以及一些民间组织等纷纷建立起来，[②] 如比较有名的“卡内基基金会（Carnegic Foundation）”。

20世纪是美国教育评估机构的初创期。由于美国教育迅速发展，高校之间的竞争也逐渐加剧，各高校为了防止政府过多地干预学校事务，各类评估组织应运而生，各类专门性的评估机构开始建立。如美国大学协会（Association of American University，AAU）就是一个比较正式的非政府组织。

第二次世界大战结束后，各国经济得到快速发展，教育也得到了较大发

① 杨晓江．国外高等教育评估中介机构发展轨迹试探［J］．外国教育资料，2000（4）：39-43.

② 姚成林．国外高等教育评估机构带给我们的启示与借鉴［J］．劳动保障世界，2018（9）：77-78.

展，为保障教育质量，教育评估机构进入了发展期，并逐步规范化管理。这一时期，美国的高等教育评估机构大量涌现仍以非官方的教育评估机构为主。这一时期发展起来的还有机构的鉴定委员会，负责全国和地区机构的协调工作。

从总体上，美国教育认证制度主要由“院校认证”和“专业认证”两种形式组成，教育认证机构可分为全国性认证机构（National Accreditor）、区域性认证机构（Regional Accreditor）和专业性认证机构（Specializes Accreditor）三大类型。其中，全国性认证机构和区域性认证机构的认证对象是高等院校，主要评估学校的整体运作和教育质量；专业性认证机构的认证对象是高等院校的某一专业或学科，主要关注专业课程设置、教学质量、教学资源等专业领域的标准和要求。区域性认证机构是负责对高等院校进行区域性认证的机构。美国被划分为六个认证地区，每个地区都有相应的区域性认证机构。这些机构负责对所辖区域内的高等院校进行评估和认证。如美国社区学院的质量认证工作通常是由区域性院校认证机构来组织实施。[①]

由于美国教育认证机构种类繁多，因此，第二次世界大战后不久，美国便成立了专门的评估领导机构，以便加强对认证机构的管理和监控。美国对各教育认证机构实行官方与民间相结合的双轨制的认可制度，即由官方的美国教育部（United States Department of Education，USED）和民间性质的高等教育认证委员会（Council for Higher Education Accreditation，CHEA）两大资质认可主体对各类型的教育认证机构的水平、性质、活动范围等进行审查并给予正式的资质认可。联邦教育部和高等教育认证委员会各自独立开展认证工作，二者在认证的重点、标准等方面略有差异，其中联邦教育部作为官方认证组织以实现政府问责为目标，主要在于保证为学生提供的联邦贷款基金能够得到相应教育质量的回报，强调教育发展的效率。[②]高等教育认证委员会作为高等院校自发组成的民间非营利组织，其认证以坚守学术标准为己任，强调教育发展的过程。对于各教育认证机构来讲，为了能够显示其专业性和拥有竞争力，通常都愿意寻求认证。其无论选择二者中的任何一者抑或是选

① 韩喜梅．我国职业教育质量第三方评估机制研究［D］．天津：天津大学，2019：88-90.

② 李维维，樊秀娣．对我国第三方教育评估机构进行资质认证的探索［J］．内蒙古师范大学学报（教育科学版），2017（8）：7-12.

择二者共同认证，通过认证即表明该教育认证机构是在教育质量评估认证方面的权威的授权机构，拥有教育质量认证的合法性和权威性。① 美国高等教育评估组织机构如图 4–1 所示。

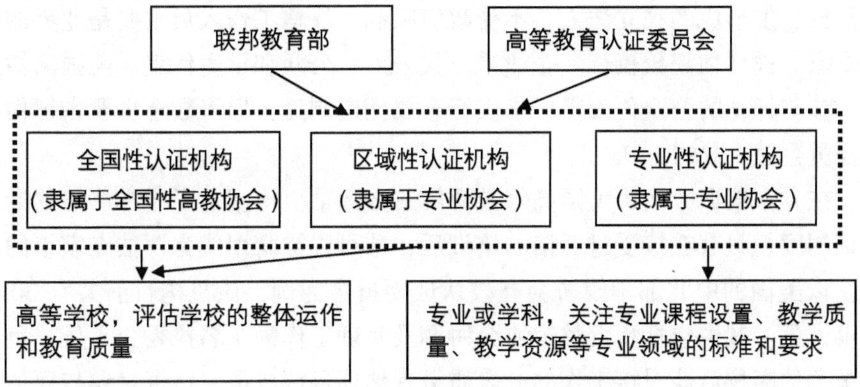

图 4–1　美国高等教育评估组织机构

（二）美国教育评估机构的运行保障

1. 美国教育评估机构的经费来源

美国的高等教育第三方评估机构都具有很强的独立性，最重要的一点就是其经费完全自主独立，不依赖美国政府的拨款来维持运转。美国高等教育第三方评估机构经费的来源，主要是每年通过认证的各个高校所缴纳的会费来承担其评估工作人员的薪酬以及各项管理开支。一所高校若通过了某一高等教育第三方评估机构的认证，即成为该机构非常稳固的潜在会员，每年按照相应的章程和学校具体的规模大小按时缴纳会费，经费用于委员会的行政开支、雇员的工资、评估小组成员访问院校的旅行及食宿费用等。

此外，以新闻媒介和互联网为代表的社会舆论力量以大学或学术排行榜的形式对高校或专业进行排名和对比，如《美国新闻与世界报道》《普林斯顿评论》《华尔街日报》等，也为美国政府的拨款，社会团体的捐赠和学生、家长的择校等提供一定的参考。正是由于这些新闻媒介评估的客观性和传播的时效性，使其逐渐成为美国高等教育第三方评估中一股不容小觑的力量，发挥着越来越重要的作用。

① 韩喜梅．我国职业教育质量第三方评估机制研究［D］．天津：天津大学，2019：88–90.

2. 美国的第三方教育评估机构专业队伍建设

美国高等教育第三方评估机构非常重视建构多元化和专业化的评估工作人员结构。虽然评估机构也受美国政府的资助，但绝大部分都是由专业协会和高校自发形成的独立法人，不受政府限制。评估工作人员主要是业界的各类专家、被评估高校校长、企业单位代表人、公众和学生代表。美国法律规定，参与评估的公众代表需严格实行亲属回避制度，但人数至少要占评估机构委员会总人数的 1/7。

在专家培训方面，美国高等教育第三方评估机构制定了非常严格的专家培训制度，只有在接受过严格的培训后，才可以被聘用成为评估专家组的成员。以美国的中北部学校协会高教认证委员会为例，该机构目前共有 60 名在编人员。其中包括负责整个协会协调及管理工作的 7 名执委会人员，负责同被评估高校洽谈对接工作的 8 名质量评估项目部成员，负责对参与评估活动的各院校校长和专家进行培训的 2 名培训与教育部成员，以及负责对网络系统进行维护和技术支持工作的 7 名运营技术部成员。此外，该评估机构还以专业认证的方式确定了 1000 多名编外认证专家，这些专家都是从志愿认证人员数据库中被挑选出来又经过相关培训后才成为编外认证专家的。同时，该机构也将这些编外认证专家作为其候选人员。美国高校认证行业设有专门的协会董事会，协会董事会设有由 60 多名认证专家和公众所组成的认证评估委员会，这些专家和一般公众负责讨论并形成认证决策方案呈交给认证评估委员会，再由认证评估委员会向协会董事会汇报认证决策。除此之外，协会董事会所设立的高校行动委员会也是由 26 名评估专家和 6 名一般公众组成的。通常协会董事会包括至少 15 ~ 20 名董事，他们当中也会有 2 ~ 3 名的一般公众。①

3. 美国的第三方教育评估机构的评估流程及标准

（1）评估流程。美国高等教育第三方评估机构对院校或专业的评估程序包括以下五个步骤。

一是认证资格审查。由初次参加评估认证的院校主动向第三方评估机构提出认证申请，提交申请材料，第三方评估机构则根据行业规范和该机构的相关规定对申请高校的教学质量等方面进行认证资格审查。

二是自我评估。申请评估的高校或专业，为了能够达到评估标准并顺利

① 漆玲玲．我国高等教育的第三方评估模式研究［D］．武汉：武汉大学，2011：92.

通过第三方评估机构的认证，通常会在评估专家组对其进行评估认证前的18个月甚至是更早的时候，就依据第三方评估机构的行业标准开始进行严格、全面的自我评估工作。

三是专家实地考察。经过了严格的选拔和培训制度的专家评估小组成员，按照公正公开的既定考察程序，以评估标准和申请者的自评报告为依据，对院校或专业展开实地考察工作。

四是评估决策。评估决策的结果直接关系到被评估院校或专业能否通过认证申请，主要包括以下四点：第一，评估专家小组在进行实地考察后的两个月内给出评估报告。第二，被评估高校或专业对专家小组出具的评估报告进行数据核对后，也要在一定的期限内做出反馈。第三，在进行上述双向的沟通和交流之后，专家组将评估报告和被评估院校或专业的反馈一同提交给委员会。经过综合讨论之后进行赞成或不赞成的投票表决，最终形成评估决策。第四，根据投票结果进行再决策。第三方评估机构通常会给出无条件通过认证、基本通过认证、延期通过认证、查看、警告和终止认证资格六种结果。申请院校或专业在通过首次认证后，会得到一个5年有效期的首次认可证书。

五是教育机构对认证结果，可以接受或提出申诉。

目前美国共有80多个专业的高等教育第三方评估机构，他们根据各自规定的独立的评估流程和评价方法，对被评估院校的办学质量或开设专业的学术水平展开评价。

（2）评估标准。对于高校的评估标准来说，因各个被评估高校具体的实际情况有所不同，评估内容会涉及高校的教学水平、服务水平、管理水平、经费状况等各个方面，所以美国的高等教育第三方评估机构对高校的评估标准是概括性的。对于专业的评估标准而言，美国高等教育第三方评估机构对不同的专业有着不同的评估标准，总体来说包括以下五点：一是教学计划与专业特色是否相符；二是专业课程设置是否合理；三是师资力量与生源情况是否适合；四是教学设备是否完善；五是学校对该专业的建设是否重视或给予支持。①

① 孙志红．美日高等教育第三方评估标准演变逻辑的对比分析研究：以美国中北部地区大学与中学协会和日本学位和大学改革支援机构为例［J］．科技经济导刊，2016（19）：128-130.

（3）评估目的。在美国，评估结果关系到接受评估的院校的经济支持以及学生来源，和高校的生存与发展息息相关，评估的根本目的在于质量保证和院校改进以及程序改进。评估的目的就是促进学校不断改进质量，为公众提供满意的教育，保证高等教育的学术价值，保护高等教育免受政治的影响，为公众的利益和需要服务。而这一切为的是同一个目的：为学生提供高质量的学习机会，改善学习环境，帮助学生健康成长。

作为美国政府和高校之间的联结点的高等教育评估机构是政府宏观调控和市场机制运行的产物。在美国自由竞争的市场经济体系中，从某种程度上讲，评估可以说直接左右着学校的前途命运，评估真正对高校起到了社会监督质量保障作用，同时也维护了政府的形象，缓解了政府直接干预高校的压力，为大学扩大自主权奠定了学术基础。评估机构虽然是非官方的，但结果直接影响学校的生源、教师的聘用、接受捐款额的多少，甚至关系到毕业生的就业，对政府是否委托高校承担某些训练与开发研究计划等产生一定影响。

（三）美国典型教育评估机构的功能分析

1. 高等教育认证委员会的运行和功能分析

美国高等教育认证委员会（CHEA）于1996年成立，是美国教育部直接授权的非营利高等教育认证机构，有3 000多所高校成员和60多个全国性、地区性和专业化的认证组织，是美国国会、教育部和公众了解高校认证和质量保障的重要来源。CHEA的董事会由17人组成，包括13位学院和大学校长代表、教师代表和4位热心教育的公众代表，共同协调全美的各类认证活动。[①]

CHEA在组织系统内主要通过认可和认证两种形式来维持这一群众团体的运转和行业自律，从而实现组织自身的目的。CHEA的主要职能：一是促进高等教育认证的有效性和质量。它制定认证标准，提供指导和支持，推动认证机构建立和运作有效的质量保证体系，以提高高等教育认证的效果和质量。二是维护认证机构的独立性，确保它们能够自主地制定认证标准和程序，并根据这些标准对教育机构进行评估和认证。三是促进认证机构之间的

① 李亚东．我国高等教育外部质量保障组织体系顶层设计［D］．上海：华东师范大学，2013：114.

合作与对话。CHEA 通过组织会议、研讨会、工作坊等活动，为认证机构提供交流和学习的平台。四是提供资源和支持，发布有关认证标准、指南和研究报告，提供咨询和指导，为认证机构提供必要的工具和信息。

在运行机制方面，CHEA 通过对六大区的认证机构和全国性的专业认证机构的认可来维持自身的运行。政府的资助和拨款使 CHEA 能够开展其认证机构的认可工作，提供资源和支持，并推动高等教育认证的改进和发展。评估机构可以申请 CHEA 和 USDE 的认可，也可以获得 CHEA 和 USDE 的双重认可。获得双重认可的评估机构在行业内具有更高的声誉和权威性，其评估结果得到更广泛的认可和接受。通过这样的运行机制，CHEA 能够有效监督和支持认证机构的工作，确保其认证活动的质量和可靠性。

2. 卡内基教学促进基金会的运行和功能分析

卡内基教学促进基金会（Carnegie Foundation for the Advancement of Teaching）是一家由私人捐赠建立的教育中介组织，它既不受政府部门的制约，也不受社会和高校的影响，由于美国有对教育事业捐赠的传统以及美国政府对于捐赠者的一些税务优惠政策，使得基金会经费充足且独立，不用依赖于政府拨款或高校的支持。

在评估方式上，卡内基教学促进基金会对教学评估方面的工作渗透教学的全过程，高校无须为评估者准备评估资料，评估工作人员可以通过随时进入课堂，查看学生作业，进行学生和教师的访谈，使用问卷等方式收集有用的评估信息。他们会针对课程理念、教学方法、教学内容以及学生的学习成果进行评估，并提出合理的意见和建议。此外，基金会还会对毕业后的学生进行追踪调查，了解学生的就业情况以及对所学课程的意见和建议，为课程教学和改革提供必要的实证依据。

卡内基基金会的评估方法注重于现场观察和实地调研，通过与教师、学生和其他教育工作者的直接互动，收集丰富的评估数据。他们致力于提供准确、客观和有用的评估结果，以促进教学的持续改进和优化。其中一些重要举措：一是开展有创业精神和自由学习的文科项目，鼓励学生在学术领域中发展创业精神和自主学习能力。二是 CARTL 计划。这是卡内基基金会推出的“成果导向型高校学习”计划，旨在促进学生的深度学习和思考能力，引导他们将所学知识应用于实际问题的解决。三是加强综合学习项目。基金会支持高校开展跨学科、综合性的学习项目，鼓励学生在不同学科领域中进行学术探索和交叉学习，培养综合素质和批判思维能力。四是开展政治参与项目，使学生能够了解和参与公共事务，并培养公民责任感和社会参与能力。五是加强社区学院建设项目，致力于加强社区学院的教学质量和学生支持，推动社区学院成为高等教育的重要组成部分。六是实施教授年计划，鼓励高校提升教师的教学能力和教学方法，并为教师提供培训和支持。

二、英国第三方教育评估机构的发展与运行

（一）英国教育评估机构的产生与发展

英国的第三方教育评估机构的发展历程可以追溯到 19 世纪，目前已形成较为成熟且典范的运行机制。在 19 世纪初期，英国教育面临改革和提升的需求。由于工业革命的推进和城市化的加速，人们开始意识到教育对于培养劳动力和促进社会发展的重要性，因此，政府开始注重高校办学质量，希望把高校的科研成果转化为社会生产力的提升。在 1960 年前后，英国相继成立许多职业技术类型的学校来满足工业化的需求。为提高学校的办学质量，1964 年，英国政府大力支持的第一个具有政府性质的高等教育质量评估组织——全国学位授予委员会（CNAA）成立，其主要目的就是针对高校的办学质量问题以及学位资质的许可问题，包括对高校的教学安排、基础设施、学科设置、师资能力等方面内容进行评估，最后得出评估结果向政府汇报。①

随着社会的不断变化和教育领域的发展，英国的第三方教育评估机构进入一个新的改革阶段。政府希望通过大学之间的竞争，在数量和质量上赶超其他发达国家，以赢得在高等教育领域上的霸权地位。英国 1992 年通过《继续教育和高等教育法》，成立英格兰高等教育基金委员会（University Fund Committee，UFC）和高等教育质量委员会（Higher Education Quality Committee，HEQC），基金会主要对高等教育的拨款进行管理，保障高等教育的基金能够落实。质量委员会则主要负责高等教育评估机构的资质审查问题，两者从不同的角度，共同保障英国高等教育事业的发展。英格兰高等教育基金委员会规定每个资助委员会必须成立一个教学质量评估委员会

① 姚成林．国外高等教育评估机构带给我们的启示与借鉴［J］．劳动保障世界，2018（9）：77-78.

（Quality Assurance Commission，QAC），该机构主要是负责拟定统一的评估标准，确保各院校提供的教育令人满意或更好，发布评估报告以鼓励改进，提供资金并奖励优秀学生。评价形式主要采用一种基于自我评估、外部评估和同行评审的系统，有不满意、满意和优秀三种评估结果。[①]

21 世纪初，英国政府意识到教育评估的重要性，采取了一系列措施来推动评估机构的发展和改革。1997 年，高等教育基金会和高等教育质量委员会合并为高等教育质量保证署（QAA），至此，英国第三方评估机构由原先附带评估工作逐步演变进化为系统专业的评估组织。高等教育质量保证署为英国的高校提供统一的综合质量保证服务，其评估工作由非政府人员主持，政府不介入评估工作，政府只负责制定总体的科研政策和在总量上控制拨款数额。因此，通过高等教育质量保证署评估中介机构，英国政府实现了它对高等教育的间接干预和控制。

从英国高等教育评估模式看，英国高等教育在保证高校自治的基础上，通过高校内部质量保证机制、高等教育基金委员会、高等教育质量保证署在高校、政府、社会等相关利益者中间建立起了一个相互促进的评估体系。如今，英国教育质量评估体系日渐形成了以科研评估、QAA 评估、专业协会评估为主的评估模式。

（二）英国教育评估机构的运行保障

1. 英国教育评估机构的经费来源

由于英国的教育评估机构都是独立的运作实体，在人员选用、经费收支和内部管理上均有较大的自主权。支撑机构正常运转的经费更是来自于各个方面，有来自政府的支持和资助，有来自相关拨款机构的拨付，有来自各高校交纳的评估费用，也有来自学院和大学的捐赠和资助，甚至企业团体和个人的捐资。不同的教育评估机构可能会有不同的经费来源组合，具体情况会因机构类型、规模和职能而有所差异。此外，政府拨款通常是评估机构最主要的经费来源之一，但具体数额和分配方式可能受政府政策和预算的影响。经费来源的多样性有助于评估机构保持独立性，同时确保其可持续发展和运营能力。比如英国教育标准局经费主要来自政府拨款。政府为其提供资金，以支持其评估活动、监督学校和机构，并确保提供独立的教育评估报告。高

① 邱若宜．英格兰高等教育评估的质量观演变研究［D］．广州：广州大学，2020：24.

等教育质量保证署是英国高等教育领域的独立评估机构，负责评估和监督高等教育机构的质量标准，其经费来源主要有两个部分：一部分来自各高等院校的捐款（以各学校的学生人数为基础），另一部分来自于按照合同获得的高等教育拨款机构拨付的款项。这两种资金支持着 QAA 的评估活动和营业费用。

2. 英国的第三方教育评估机构专业队伍建设

评估机构通常会根据评估的目的和需要来确定合适的评估工作人员组合，以确保评估的全面性和专业性。英国的 QAA 委员会由 14 名成员组成，其中 4 名成员来自大学校长委员会的推荐任命，4 名来自高等教育拨款机构的推荐任命，另外 6 名则是在工商界或其他专业领域拥有执业经验的独立人士，如：工程师、律师、医生等。英国基础教育督学由教育标准局统一负责，按照总督学、皇家督学、注册督学、督学的层级关系层层负责。英国的督学主要由皇家督学、注册督学和督学三级构成。目前除 200 多名皇家督学外，有注册督学 2 100 名，督学 6 000 名。英国督学的任职条件非常严格，其选聘、培训及日常管理有一套严格的制度。①

3. 英国的专业评估程序

英国的专业评估程序一般有以下四个步骤。

（1）评审准备阶段。确定评审和材料信息收集的范围，进行院校自评。

（2）评审阶段。在自评报告的基础上，进行实地考察，对支撑材料、内部文件进行审议等。

（3）判断及报告阶段。根据评审情况，做出判断结果并提供建议，与被评院校协商发布报告。

（4）追踪调查。评审一年后针对评估报告进行追踪调查。

（三）英国典型教育评估机构的功能分析

1. 高等教育质量保证署的运行和功能分析

高等教育质量保证署，成立于 1997 年，是英国高等教育大学学院签署授权的独立基金组织，其运行经费来自高校的筹款以及与主要的高等教育拨

① 段会冬 . 英国教育质量保证：基础教育督导与高等教育评估简介［EB/OL］.（2010-06-09）［2023-02-10］. https://blog.sina.com.cn/s/blog_60982d430100jrlj.html.

款机构所签署的合同经费。QAA 独立于政府，公立执行机构代表大学和学院协会，是具有独立地位的专门机构。QAA 总部机构庞大，拥有 100 多名全职员工和 800 多名兼职员工，其中，大部分高级员工是享有盛誉的著名学者和管理人士。QAA 的组织结构涵盖了多个职能部门，包括行政管理部、战略发展部、学校评估部和课程评估部等多个部门。[①] 此外，QAA 还设有审查组（Review Teams），负责对英格兰、威尔士和北爱尔兰的高等教育学位授予权和大学头衔进行外部监督和评估，以确保教育质量符合学术和教学标准。

QAA 的主要任务包括：（1）评估大学教育质量和标准，确保其符合规定的学术要求和行业标准。这包括对学校的教学、学术支持、学生支持和学生参与等方面进行评估，以确保高等教育的质量和标准得到维护和提高。（2）评审合作机构课程和学历学位，QAA 评审由英国高等学校授权的其他合作机构开设的课程和颁发的学历学位，以确保它们具有与英国高等学校相同的学术标准。（3）审核国外学位授予权和课程质量，评估英国高等学校在国外授予学位的标准和课程质量，以增强英国高校在海外办学的信誉。这确保了英国学位的质量和国际认可度。（4）审核继续教育和大学预科课程，确保它们满足教育要求，并为成人学习者和非传统学生提供高质量的教育。（5）提供政府咨询，帮助政府制定决策，并确保高等教育机构的认证和授权符合相关的政策和法规。

这些评估任务旨在确保英国高等教育机构的教育质量和标准，促进教育体系的持续改进和发展，保护学生权益，增强高等教育的声誉和国际竞争力。

2. 英国教育标准局的运行和功能分析

英国教育标准局（Ofsted）从原英国教育部（1995 年改为教育就业部）独立出来，成为现在的一个非政府序列的政府部门，以加强中央政府对全国教育质量的监控。Ofsted 是负责监督和评估英国教育和儿童服务质量的独立机构，其使命是提高学校、学院、儿童服务机构和教育培训机构的质量，确保他们提供高质量的教育和服务。Ofsted 的评估范围涵盖了全国范围内的各种学校、托儿所、学前教育机构、儿童服务机构以及一些教育培训机构。评估工作主要通过实地访问和审查机构的文件和记录来进行。评估团队由经过

① 周映新．英国高等教育第三方评估机制的运行经验及启示［D］．石家庄：河北科技大学，2020：24.

培训的专业人士组成，包括教育专家、教师、社会工作者和其他相关领域的专业人士。

Ofsted 的评估重点主要包括学校和机构的教学质量、学生成果、学校领导和管理、学生保护、学生福利等方面，其评估结果通过评级的方式进行，评级有优秀（Outstanding）、良好（Good）、需要改进（Requires Improvement）和不符合标准（Inadequate）四个等级。除了总体评分，报告还从成绩、教学质量、学生的行为和安全以及领导和管理质量四个方面进行评估。

三、法国第三方教育评估机构的发展与运行

（一）法国教育评估机构的产生与发展

法国是西欧大陆国家中最早进行高等教育外部质量评估的国家。19 世纪初到 20 世纪 80 年代，拿破仑建立起高度中央集权的教育管理体制。最初的评估制度主要是在最高教育领导机构内设督导人员并建立专门机构。20 世纪 80 年代到 20 世纪末，《萨瓦里法》的颁布标志着法国高等教育里程碑的改革，也是高等教育评估制度改革的分水岭。法国成立了国家评估委员会，专门负责对全国高校、学科及教育专题的评估，以保障公立高校在教学、科研、行政及财务方面的自主权，从此，法国的教育评估从真正意义上开始。[①]

1987 年，法国教育部部长莫诺里提出在部内建立评估与预测司，并赋予其三项指导职能，包括对学校状况进行信息统计、对教育系统进行评估、对教育发展进行预测等。[②] 1989 年 7 月，法国《教育指导法》通过后，CNE 成为一个自治的管理实体，以保证评估结果的客观性。

20 世纪末到现在，法国教育评估进入新的发展阶段，1998 年 5 月，法国高等教育改革委员会主席阿达利向上提交《构建欧洲高等教育模式》报告，报告提出高等学校的评估将由高等评估事务所执行，该事务所是民间机构，会对全国大学和大学校各系的名次进行公布，并且每五年对高教系统评估一

① 张盼．法国高等教育质量评估机制形成过程及启示［J］．大观周刊，2011（22）：129-130.

② 冯旭芳，李海宗．法国高等教育质量评估机制对我国的启示［J］．教育探索，2008（11）：139-140.

次，评估结果会在国际互联网上公布，直接影响各校经费预算。

此后，法国在不断发展与变革的过程中逐渐形成了与本国高等教育管理体制相适应并表现出极强特色的高等教育外部质量评估体系，受到了全世界的普遍关注。

2006 年 4 月法国研究计划法案要求革新评估机制，建立与欧洲和国际相适应的独立机构来负责对高等教育和科学研究进行评估。2007 年，法国通过的《大学自由和责任法》强调："通过对评估方式的转变促进大学自治，对于教师教学和科研的评估将会加强等。"同年 3 月，法国科学研究与教育评估署正式成立，宣告一个新的评估时代到来。①

总体来说，法国是一个教育管理体制相对集权的国家，一般也是通过中介机构来开展评估，但不同的是由政府牵头创办或提议建立，部分人员由政府聘任，甚至政府官员也有可能加入，但在人员的总比例上，政府以外的社会人士和高校人士占大多数。政府一般向中介机构提供维持费用和资助，委托中介机构开展评估，但中介机构并不是政府的行政职能部门，不具有直接的行政权力，也不是政府的附庸，而是一个在既定的法规或政策框架下具有一定独立性的实体，其评估活动有自己相对的自主权，一般不受政府的干预。

（二）法国教育评估机构的运行保障

法国是国家控制的独立于教育行政单位的典型的教育评估机构模式，其运行受到法律框架的保障。法国教育评估机构的独立性是保障其运行的重要因素。评估机构由国家财政拨款，有独立的预算，享有完全自我管理的权利。在组织结构和人员配置上力求独立于被评估的教育机构和政府部门。在评估工作人员方面，评估机构聘请经验丰富、专业素养高的评估工作人员开展评估工作。这些评估工作人员通常具备教育领域的专业知识和评估技能，并接受过相关培训，独立、客观地进行评估工作，确保评估结果的准确性和可靠性。在评估标准和程序方面，法国教育评估机构制定了一套评估标准和程序，用于评估教育机构的质量和效果。这些评估标准和程序通常基于国家教育政策、教育目标和学科特点，确保评估的全面性和针对性。评估机构严

① 李亚东．我国高等教育外部质量保障组织体系顶层设计［D］．上海：华东师范大学，2013：99.

格按照这些标准和程序进行评估，提供准确的评估结果和建议。

（三）法国典型教育评估机构的功能分析

1. 法国国家评估委员会的运行和功能分析

法国是西欧大陆国家中最早进行高等教育外部质量评估的国家。早于1985年，法国政府根据《高等教育法》建立了法国国家评估委员会，专门负责对全国高校、学科及教育专题的评估，以保障公立高校在教学、科研、行政及财务方面的自主权。① 该机构独立于教育行政管理部门之外，直接向总统负责，不强迫高等院校接受其意见，只是找出高校运行机制不良的症结所在，并提出建议。

CNE 的主要职责是对法国公立高等教育机构，包括高等教育部主管的大学、学校及其他政府部门管理的高等教育机构等进行评估；对高等教育内部的重大问题进行研究；对改善学校管理、提高高等教育和科研的效益和质量，特别是高等教育地理布局、学生入学条件和方向指导方面提出建议。②

CNE 的评估以被评学校自评为前提，以同行评议为基础，由 1~3 名 CNE 委员负责组织协调，强调与被评估高校的对话和合作。具体来讲，CNE 的评估过程包括：评估负责人到被评估的高校面见该校领导，向其介绍评估的过程；评估项目管理人收集被评估高校的所有相关信息，如统计数据、项目、合同等；评估负责人根据所收集信息确定拟评估主题并组建专家组，专家由 CNE 主席任命；召开专家培训准备会议，评估负责人详细地说明 CNE 的期望，与专家一道确定与每个主题相关的议题；专家现场评估，通常持续 3 天，其间专家将与被评估学校的负责人以及教师、研究人员、行政人员、学生和学校以外的合作伙伴进行面对面的交流与讨论；专家撰写评估报告并寄送至 CNE；评估小组召开第二次专家会议对专家评估报告进行比较和讨论，以明确被评估学校的主要特征及其战略管理的基本框架，进而完成评估报告的初稿，此报告不包含任何结论和建议，它在经 CNE 全体委员会会议通过之后将被寄送至被评估学校校长；评估小组到被评估学校进行咨询访问，征求相关人员的意见，以完善评估报告并形成含有结论和建议的最终报告，它经 CNE 全体委员会会议通过之后将被寄送至被评估学校的校长，同时校长会对报

①② 李伟．国外高等教育评估机构简介：欧洲地区［EB/OL］．（2017-08-14）［2023-02-10］．https://max.book118.com/html/2017/0807/126429670.shtm.

告回复；公开发表最终报告，包括被评估学校校长的回复意见，所有报告均可以在国家评估委员会的网站上查到。整个评估过程通常需要 1 年的时间。CNE 自成立以来已对法国所有高校进行了 2 次以上的评估，每年评估 20 所左右，主要是第二年政府需要与之签订合同的大学，其评估结论是大学与政府之间签订合同的重要依据，受到高校的高度重视。

依据《法国科研规划法》，2006 年将 CNE 与法国科研评估委员会（CNER）和教育委员会（MSTP）的评估机构合并，成立法国科学研究与教育评估署，负责全面评价科研机构和高校教学机构等，但不受科研和教育行政部门的制约。

2. 法国科学研究与教育评估署的运行和功能分析

法国评估委员会、科技与教育委员会和法国科研评估委员会等评估机构退出历史舞台后，法国科学研究与教育评估署于 2007 年 3 月 21 日批准成立，由理事会、分部常设机构和评估委员会三个部分组成，作为法国独立的专职行政机构，并非隶属于国家教育部或高等教育暨科学研究部。理事会共有 25 名理事，由国内外知名教授、权威专家担任，每届任期四年，每两年更新半数人员。目前，分部常设机构由三个部门构成：第一部门是负责大学机构评估的行政事务部；第二部门是负责科研单位评估的科研单位部；第三部门是负责教学和大学学位（学士、硕士和博士）资格评估的教学与文凭部。各分部的负责人均由政府任命。[①] 三个部门的评估均分为三个阶段，其中负责大学机构评估的行政事务部和负责科研单位评估的科研单位部的工作流程都分为筹备阶段、调查阶段和撰写评估报告三个阶段，只是具体内容不同。第一部门负责大学机构评估的行政事务部的工作流程，第二部门负责科研单位评估的科研单位部的工作流程，第三部门工作流程主要负责对某个大学的学士或硕士教育资格进行评估。与前两个部门不同的是，第三部门的评估工作主要依靠研究数据和文字资料，而不是实地视察。为了完成评估任务，专家们需要获取相关大学的详细资料，包括自评报告、评语鉴定卡和评估报告的框架。

① 江小平 . 法国研究与高等教育评估机构简介［J］. 国外社会科学，2009（5）：122.

四、德国第三方教育评估机构的发展与运行

（一）德国教育评估机构的产生与发展

德国实行教育行政地方分权制，各州政府对本州的教育负主要责任，但州政府并不负责评估工作的具体实施。在高等教育方面，通过民间、高校自发或者受官方、各种基金会资助等各种形式的评估机构对高校进行评估，其评估主体是介于政府和高校之间的中介机构①，主要分为四类。

1. 全国性的半官方评估机构

这些机构由政府或基金资助，具有独立性和权威性，负责教育咨询和协调工作。其中包括联邦大学校长会议（HRK）、大学发展促进中心（CHE）、科学审议会（WR）和大学信息系统组织（HIS）等。这些机构在全国范围内提供评估服务，对高校进行综合评估，推动高校发展和提升教育质量。

2. 州政府授权的地区性评估机构

各州政府授权成立的评估机构，负责对本州的大学进行评估工作。例如，下萨克森州大学评估中心和北威州大学评估中心等，这些机构根据州政府的要求和标准，对本州的大学进行评估，提供评估结果和建议。②

3. 学科专业委员成立的评估组织

各学科领域的专业委员会成立的评估机构，负责对相关学科专业进行评估。这些评估机构由该学科的专业人士组成，根据学科的特点和需求，制定评估标准和方法，对高校的学科专业进行评估，促进学科的发展和提高。

4. 民间自发组成的评估机构

这些机构由高校自发组成或者由多所高校联合组成，独立于州政府和全国高校系统，不受任何一方的管理。例如，德国的第一个高校教育评估机构由汉堡大学、不莱梅大学等六所学校联合组成的北德大学联盟，主要负责对各大学的同类专业进行评估。这些机构在特定地区或领域内提供评估服务，

---

① 刘芹仲，李冲．中美德高等教育评估制度比较分析［J］．兰州教育学院学报，2014，30（2）：85-86，95.

② 吴艳茹．德国高等教育评估制度及其特点［J］．高校教育管理，2008（5）：22-25.

根据各自的标准和方法，对高校的教育质量进行评估。①

这些评估机构在德国的教育评估体系中扮演着重要角色，通过各自的专业能力和独立性，对高校的教育质量、研究活动和学科发展进行评估。同时，为保证评估机构自身的资质，1999年，德国各州文教部长联席会议与大学校长会议共同成立了一个跨州的认证委员会，专门负责对教学评估机构的质量认证工作。该委员会制定了一整套质量认证的标准和程序，对各种评估机构进行认证、协调和监督。②

在基础教育方面，21世纪以来，德国十分重视基础教育质量监测对教育质量发展的促进作用，形成了"国家—州—学校"三级基本监测结构，主要包括从国家层面定期参加国际大型学生学业成就比较测试，联邦州层面开展基于国家教育标准的教育趋势研究以及学校层面实施三年级和八年级学生比较测试。

（二）德国教育评估机构的运行保障

1. 评估专家的构成

评估机构对高校的评估通常基于学校内部的自评报告，并聘请具有声誉和丰富实践经验的专家进行实地考察。这些专家与被评估的院系无具体的业务关系，但是评估机构会选择在相关或邻近学科领域具有声誉的专业人士。这些专家必须对德国的高等教育体系非常熟悉，这是确保评估结果客观公正的基础。

2. 德国教育评估的内容

德国高等教育评估机构的评估内容主要涵盖了教学评估、学科评估、科研评估和教授资格评估等多个方面。评估的重点主要集中在以下两个方面。

（1）教学评估。评估机构会对教学方面进行评估，包括学生数量、课程数量、教学时长、教学设备和资源的充足性，以及与社会企业的联系和合作等。评估机构会关注学校的教学质量、教学方法和教学资源是否能够满足学生的需求，以及教学与实践的结合程度等。

（2）科研评估。评估机构会对科研方面进行评估，包括学校的科研实力、科研成果的数量和质量、科研基金和科研项目的数量、学术会议的组织情况等。评估机构会考察学校的科研环境、科研设施和科研资源的支持程

①② 吴艳茹．德国高等教育评估制度及其特点［J］．高校教育管理，2008（5）：22-25.

度，以及学校的科研成果对学科领域的影响和贡献等。

在德国的高等教育体系中，高等教育由各个州政府进行管理，高等教育经费主要由各州财政提供。因此，德国的评估标准并不统一，各个州会根据自身的认识和发展需要制定适合本州的指标体系和评估要求。这样的分权制度使得评估机构需要针对不同州的具体情况开展评估工作，并根据各州的要求进行评估报告的撰写和提出建议。评估的结果和建议有助于各州政府对高等教育的发展进行调整和改进，以提升整体的高等教育质量和水平。

3. 德国教育评估机构流程

德国一次完整的高等教育评估一般包括内部评估、外部评估、评估结果的执行、后继性评估四个阶段。①

（1）内部评估。这一阶段的目的是让被评估机构进行自我检查和自我诊断。被评估的院系会进行内部评估，收集和评估相关的资料，为后续的外部评估创造有利条件。

（2）外部评估。这一阶段由专业评估机构组织实施。它包括评估的准备阶段，通过同行评论对被评估机构进行评估，与被评估机构进行交流和讨论，最终形成评估报告。评估机构会派遣经验丰富的专家组成评估小组，进行实地考察和数据分析。

（3）评估结果的执行。在这个阶段，被评估机构根据外部评估提出的建议或评估报告，制定相应的教育质量改进对策。被评估机构会根据评估结果进行调整和改进，以提升教育质量和水平。

（4）后继性评估。在评估结束后的 5～8 年，会进行新一轮的评估，称为后继性评估。后继性评估的时间更短、成本更低，评估的重点在于考察上一次评估中提出的建议的执行情况和效果。这个阶段的评估通常比较简化，重点关注改进措施的实施情况和成果。

通过内部评估和外部评估相结合的方式，持续监测和改进高等教育的质量和水平。评估机构的专家团队在评估过程中提供专业的指导和建议，帮助高校和院系不断提升教育质量，确保高等教育的可持续发展。

① 吴艳茹．德国高等教育评估制度及其特点［J］．高校教育管理，2008（5）：22-25.

（三）德国典型教育评估机构的功能分析

1. 德国认证委员会的运行和功能分析

为保证评估机构自身的资质，德国联邦政府于 1997 年实施质量保障计划，许多认证机构相继成立。在确立认证制度的同时，成立了全国认证委员会（AKR）。该委员会接受德国大学校长协会的指导，更重要的是得到联邦政府的认可与监督，负责统筹认证制度的组织与规范，制定认证的标准和程序，并对国内外的各类认证机构进行资格认可。

AKR 首先是一个认证评估机构，它负责评估并认证那些对德国高等教育机构进行质量评估的机构，以确保它们具备进行教育评估的专业性和公正性。其次，AKR 会制定一套评估标准和程序，用于指导教育评估的进行。这些标准和程序包括了教育机构应达到的质量标准，评估的步骤和方法，以及评估结果的处理方式等。在认证过程中，AKR 会向评估机构提供必要的专业支持，包括分享评估经验、提供评估培训、解答评估问题等，以提高评估的质量和效率。同时，AKR 会监督认证的评估机构的活动，确保它们按照规定的标准和程序进行评估，并公正、透明地处理评估结果。

在日常管理过程中，AKR 有责任公开评估活动的相关信息，包括评估结果、评估标准和程序、评估机构的名单等，以便社会公众了解和监督评估的进行。同时，AKR 也会与其他国家和地区的教育评估机构进行交流，以互相学习和提高。

2. 德国国家教育质量研究所的运行和功能分析

德国国家教育质量研究所（IQB）是德国的一个独立研究机构，它建立在德意志联邦共和国州教育和文化事务部长常设会议所采用的教育标准的基础之上，负责定期监测德国中小学实现教育标准的程度，致力于支持联邦德国 16 个州的教育系统的质量提高与保障，提高德国各州教育的均衡性。IQB 的主要任务是规范和检验国家教育标准，另一个重点是用标准化的考试任务来建立任务库或试题库，以评价学生成绩，支持能力建设和结果取向的教育变革，也就是说，它的任务是把标准精细化、继续发展，并用体现标准的试题来确定教育质量是否达标。①

① 彭莉莉．迈向能力取向的教育质量控制：德国国家教育标准的考察［J］．教育发展研究，2012（12）：1-7.

IQB 的工作人员包括教育研究专家、统计学家、心理学家、测量学家和数据分析师等。他们的专业知识和技能确保了评估工作的科学性和可靠性。它的评估结果和研究成果广泛用于德国的教育政策制定和改革过程中。政府、教育机构和学校可以根据 IQB 的研究成果，进行针对性的改进，提高教育质量和学生成绩。

总的来说，IQB 在德国教育系统中扮演着重要的角色，通过评估和研究，为教育政策制定和实施提供可靠的数据和建议，促进德国教育的持续改进和发展。

五、日本第三方教育评估机构的发展与运行

（一）日本教育评估机构的产生与发展

日本引入美国大学认证型评价制度后，设立了一系列整体评估机构，其中最主要的是日本大学基准协会（JUAA）。该协会成立于 1947 年，是一个自治性质的大学协会，旨在通过自愿的努力和会员间的相互帮助，提高日本大学的质量。JUAA 是由四年制大学校长为主要成员的非官方第三方评估机构，是大学自行建立的独立组织。此外，日本于 1979 年成立了大学自我评价研究委员会，并于 2000 年将原来的“国立学位授予机构”改为“全国学位和大学评价协会”，该协会下设大学评价委员会、评价事业部、评价研究部等部门，负责对大学及大学共同利用研究机构进行评价。

根据 2003 年 3 月《学校教育法》的规定，日本的全国学位和大学评价协会、大学基准学协会、短期大学基准协会、私立大学联盟、私立大学协会等被规定为第三方评估机构。这些机构在日本的教育评价体系中发挥着重要的作用，对大学的质量和学位授予进行评价和认证。①

21 世纪初，日本引入高等教育第三方评估机制并加以法治化。2004 年，日本高等教育第三方评估制度正式启动，在自我评估的基础上，所有国立、公立、私立大学以及短期大学和高等专门学校均须接受外部机构的第三方评估，由文部科学省认证授权的独立评估机构实施。随着日本高等教育大众化程度日益提高，高等教育机构的类型越来越多样化，包括专业评估机构和大

① 余凯，杨烁．第三方教育评估权威性和专业性的来源及其形成：来自美、英、法、日四国的经验［J］．中国教育学刊，2017（4）：16–21.

众传媒。认证评估业务却越来越集中到少数的认证评估机构。①

（二）日本教育评估机构运行的基本情况

日本大学评估的特点是实施了高等教育的第三方外部评价，并且评估过程中依靠政府拨款来支持学位授予机构的人员经费，而评估费用则由高校自行承担。与通常的内部评价即自我监督和自我评估不同，日本的外部评价主要由独立于大学的学术团体或专家来进行。大学在自我监督和自我评估的基础上采取措施，努力提高教育质量并保证学校特色。与此同时，该评估强调了更广泛的第三方参与新评估体系的紧迫性和必要性。只有经过官方认证的第三方组织才有资格进行评估，并鼓励这些组织采用独特的指标和标准来保证和提高教育质量。

这种外部评价的目的在于增加评估的客观性和公正性，并为大学提供来自独立机构的专业意见和建议。通过引入第三方的评估机制，日本的大学评估致力于提高教育质量，促进学校特色的发展，并为学生和社会提供高质量的教育服务。

（三）日本典型教育评估机构的功能分析

1. 日本学位和大学评价协会（NIAD-UE）的运行和功能分析

日本学位和大学评价协会（National Institution for Academic Degrees and Quality Enhancement of Higher Education，简称“协会”）的构成体现了多方参与和多元意见的原则。协会的成员由大学校长、教授和社会人士组成，他们在协会中负责咨询、讨论和决策评价工作涉及的重要问题。协会设有分类指导委员会，该委员会下设小型小组和特别小组，用于协调协会内部事务。小型小组主要负责收集各个院校的文件资料，并进行文件调查、面谈调查等相关调查工作。特别小组则负责处理特殊事务和特定问题。协会的主要任务是通过发布评价报告来促进社会对高等院校各种学术活动的了解。这些评价报告向公众传达了高校的质量评估结果，帮助提高社会对高等教育的认知和信任度。

在评价过程中，如果学校对评价结果有异议，它们可向协会提出自己的

① 东北师范大学．日本高等教育第三方评估机制述要［EB/OL］.（2019-05-27）［2023-02-10］.http://iwen.nenu.edu.cn/info/1014/1074.htm.

意见和反馈。协会综合考虑学校的意见，并在评价报告最终发布之前进行审议和决策。

通过多方参与和广泛听取各方意见，协会确保了评价工作的公正性、客观性和权威性，为高等教育质量的提升和改进提供了重要的指导和支持。①

评价流程主要包括院校申请、提交自评报告、开展评价和发布公告等阶段。一是院校申请阶段。高等院校需要向协会提出申请，表明参与评价的意愿，并进行相关教师培训，以准备开展院校的自我评价工作。二是提交自评报告。高等院校需要向协会提交自我评价报告，该报告包括对院校的自我评估结果、学术活动、教学质量、研究成果、学生支持等方面的详细说明。三是开展评价阶段。协会根据高等院校的申请和自评报告，进行正式的评价活动。评价的方法可能包括文件调查、面谈、实地访问等形式。评价团队将收集和分析相关数据，并就院校的教学、研究和管理等方面与院校代表进行深入讨论。四是发布公告阶段。综合委员会对评价结果进行综合评估，并根据评价报告做出最终决策。如果院校对评价结果持有异议，他们有权向协会提出申诉。在没有异议的情况下，协会将向社会发布评价结果，使其对高等院校的质量和表现有更清晰的了解。②

2. 日本大学基准协会的运行和功能分析

日本大学基准协会是一个志愿组织的高等教育机构，由大学自行建立，是日本最主要的教育质量评估组织。JUAA 由四年制大学校长为主要成员组成，是一个非官方的第三方评估机构，其使命是促进日本高等教育机构的质量改进。作为独立的财团法人，JUAA 的财政并非由政府拨款，而是通过财产捐赠和各大学自主运营来维持运作。JUAA 的评价委员会组织形式因章程而异，通常由常设人员和临时人员两部分组成。评价主体是学校外部的机构和由外部机构选拔的人员，他们参与评价过程并做出评价决策。

JUAA 的评估程序主要包括以下步骤：申请大学按照写好的标准提出认证申请，提交自我评估报告，JUAA 对书面报告进行审查，专家实地考察阶段，根据实际情况完成评估报告草案并反馈给院校，在结合院校意见后，完

①② 王报平，仇鸿伟．高等教育第三方评价：美国与日本的启示与借鉴［J］．科研管理，2015（1）：477-482.

成评估报告，并公开评估结果、周期性复评和监督等。[①] 报告的形式包括年度报告、期中报告或重大变化报告等。

六、荷兰第三方教育评估机构的发展与运行

荷兰不仅是欧洲首批建立正规高等教育评估体制的国家之一，而且是“指导模式”的典型代表，即这种评估模式介于政府集权和社会分权之间，政府不直接插手评估，而是通过特殊方式参与评估，发挥政府的指导作用，使高校、社会和政府统一协调，达到平衡。

（一）荷兰教育评估机构的产生与发展

从 2008 年开始，荷兰建立起以国家为引导的高等教育外部评估体系，分别由荷兰和佛兰德斯认证组织（National Visitating and Assessing Institutions，NVAI）与荷兰成立质量保证局（Quality Assurance Netherlands Universities，QANU）组成，NVAI 负责设立评估框架，对评估机构的执行标准进行复查；QANU 在法定的框架内为大学提供教育与研究课程的外部评估。除此以外，荷兰 CITO 全称是荷兰教育考试评价院，是一家为海内外政府部门、教育机构和企业提供专业化教育测评和测评建议的私营教育服务机构，承担着全国的教育质量监测服务，规避可能存在的教育风险和指导被评估问题学校的改进，同时对全国各行各业考试相关服务负责。

（二）荷兰的教育评估模式及运行机制

荷兰高等教育评估模式由校内评估、社会评估和政府元评估三部分组成。其运行机制是：校内评估与社会评估相结合，政府在社会评估的基础上依法进行元评估。具体为：高等学校负责校内评估；校外评估由荷兰和佛兰德斯认证组织和荷兰成立质量保证局主持，进行同行评估；隶属于政府的高等教育督导团受政府的委托，对社会评估的合法性进行再评估。荷兰教育考试评价院虽属于私营机构但是能够代表荷兰教育部行使权力，是荷兰教育部的重要组成部门，其财政来源分为两个部分，一半来自于荷兰教育部的项目委托基金，另一半则来自商业服务。通过提供专业化的考试培训服务，荷兰

① 张曦琳．管办评分离背景下高等教育第三方评估体系的建设研究［D］．济南：山东师范大学，2018：41-42.

教育考试评价院能够获得相应的项目基金，这些资金足够用来维持机构的正常运转和教育考试测量工具开发的科研经费。

（三）荷兰典型教育评估机构的功能分析

1. 荷兰成立质量保证局的运行和功能分析

荷兰的质量保证局是负责高等教育评估和质量保证的机构。该机构的教育评估运行程序分为以下四个步骤。

（1）制定质量标准和评估蓝图。QANU 根据自身及各大学的协议，制定学士和硕士项目的质量标准和评估蓝图。这些标准和蓝图用于评估大学的教育质量。

（2）提交更新认证申请。各大学需要向 QANU 提交更新认证的申请。申请材料必须包括自评报告和某个权威评估机构的评估报告。自评报告提供了大学对自身教育质量的评估和改进计划，评估报告则提供了外部评估机构对大学教育质量的评价。

（3）同行专家评估和实地考察。QANU 根据同行专家评估和大学的自评报告，进行实地考察并与大学进行讨论。这个过程包括对教学环境、课程设置、学生支持等方面的评估，旨在了解大学的教育质量和改进措施。

（4）结论和报告。在同行专家评估和实地考察的基础上，QANU 将形成评估的结论。该结论将被写入评估报告中，对大学的教育质量和改进提出建议和意见。

QANU 的教育评估过程依赖于大学的自评报告和外部评估报告，以及同行专家的评估和实地考察。通过综合这些信息，QANU 对大学的教育质量进行评估和认证，并提供改进建议，促进高等教育质量的提高和发展。

2. 荷兰教育考试评价院的运行和功能分析

荷兰教育考试评价院是负责学生评估和考试测评的机构。其评估过程分为以下三个阶段。

（1）鉴定（Identification）。CITO 通过标准化考试对学生的成绩进行鉴定。这些考试根据一套统一的标准进行，旨在评估学生的学术能力和知识水平。

（2）分析（Analysis）。在学生的考试成绩鉴定之后，CITO 对成绩进行分析。如果学生的考评结果低于标准或存在一段时间停滞不前的情况，进一步分析数据可以帮助了解学生成绩的问题根源。CITO 设计了教育质量监测系统，提供了所需的数据以支持问题分析。

（3）行动（Action）。根据分析的结论，CITO 制定评估后确定改进措施。这些措施为教师提供了针对性的改进方向和建议。学校和教师根据 CITO 提供的评估结果和建议，采取相应的行动来改善学生的学习成绩和教学质量。

CITO 设计的考试测评项目在荷兰具有很高的认可度，并且承担了 PISA 试题的开发，因此在国际上也具有相当的影响力。其专业性和权威性得到社会的信任。CITO 的考试测评项目不仅为学生和教师提供了评估数据，还为教育决策和政策制定提供了有力的支持。

第二节　国外第三方教育评估机制的经验借鉴与启示

评估机制是评估系统的结构和运行机理，评估系统则是由评估环境、评估主体、评估工作人员、评估标准和评估结果等关键要素构成的，这些要素的有机结合又构成了评估的保障机制、评估的运行机制以及评估的监督机制。其中评估的运行机制是评估工作实现的关键，受到评估保障机制和评估监督机制的影响。

国外教育评估机构经历了萌芽期、初创期、发展期和改革期，以美国、英国、德国、日本、荷兰等为代表的教育评估机构，其机构运行和功能都各有特点。尽管我国最近 30 多年来的教育评估工作起步于一个较高起点，不需要重复国外半个世纪所走的道路，但是从引进、吸收、适应，再到实践、改造、超越，需要一个不短的过程。[①] 以下从保障机制、运行机制和监督机制等三个层面比较分析美国、英国、法国、德国、日本、荷兰等国的教育第三方评估机制。

① 叶星. 地方政府教育评估机构功能定位及改造研究：以 JS 省教育评估院为例［D］. 扬州：扬州大学，2016：51.

一、第三方教育评估机构保障机制的经验启示

1. 第三方教育评估机构的立足之本在于法律与公正

第三方教育评估的法制化是大势所趋，制定和完善相关的法律法规，是保证其能够正常有序进行和发展的重要条件之一，同时也是确认教育评估机构的权威性，做好教育评估工作的根本保证。从美国、英国、法国、德国、日本、荷兰等六国的发展经验来看，西方发达国家普遍重视通过立法为各项工作提供明确、规范的发展途径，[①] 同时，完善的教育立法是第三方教育评估机构建立的根基和依据。除此之外，法律对其机构的运行机制也有相关的规定。如美国 1965 年《高等教育法（修正案）》就对高等教育第三方评估机构的行政地位以及财务管理问题进行了详细规定。还有美国颁布的《保护消费者权益的联邦政策》、日本颁布的《学校教育法》，都将教育质量纳入法律框架，明确第三方评估机构的法律地位，规范其评估行为与运行。英国的高等教育质量保证署依据政府颁布的《迪尔英报告》成立，并根据《21 世纪的高等教育》白皮书、《高等教育白皮书：知识经济的成功》和《高等教育质量保障机构的章程》等法规性文件开展第三方评估工作。法国 2014 年根据《高等教育法》成立了高等教育与研究高级评估理事会（HCERES）。由此可见，无一例外地都将第三方评估机构的成立、发展和评估工作的实施纳入法律法规的框架中，保障了高等教育第三方评估的专业性与权威性。[②]

2. 第三方教育评估机构的独立之基在于运行经费的独立性

第三方教育评估机构的独立性体现在多个方面，包括独立的规章制度、独立的运行机制和独立的组织评估工作人员。其中，评估机构运行经费的独立性是最为突出的方面，因为独立自主的经费使用和稳定可靠的经费来源是评估机构生存和发展的基础。如果评估机构的运行经费缺乏独立性，就不得不依赖政府或相关利益团体的资金支持，就会降低第三方评估的独立性。

从美国、英国、法国、德国、日本和荷兰六个国家的第三方评估机构的运行经费保障来看，它们都享有较高的独立性。

① 耿宗程，王和平．比较视野下我国高等教育第三方评估的公信力困境及其超越［J］．高教探索，2022（1）：22-28.

② 王凤秋，崔曼秋．比较视域下我国高等教育第三方评估机制的构建策略［J］．黑龙江高教研究，2021（3）：41-46.

美国的第三方评估机构为民间机构，其经费主要来源于被评估高校按规模缴纳的会费，不依赖于美国政府的拨款。此外，它们可能还会接受来自政府的资助或向慈善机构申请项目经费等。英国评估机构的运行经费来源具有多元化特点。最主要的两个来源是被评估高校缴纳的会费和与英国高等教育拨款委员会签订的拨款协议。此外，它们还可能从国际咨询与评估项目中获得收入，以及依靠高校、企业甚至个人的捐赠。法国的第三方评估机构是独立的行政机构，虽然运行经费来自法国政府的财政拨款，但它们拥有独立的运算和完全的行政自由。德国评估机构的经费资助主要来自政府和基金会的全国性教育咨询或协调机构。日本的学位授予机构的人员经费依靠政府拨款支持，而评估费用则由高校自行承担。荷兰的教育评估经费一半来自荷兰教育部的项目委托基金，另一半来自商业服务。

这些国家在第三方教育评估机制中通过独立的运行经费保障，确保评估机构的独立性和专业性。它们在运行经费保障方面采取了不同的模式，但都致力于确保评估机构能够独立自主地开展评估工作。

二、第三方教育评估机构运行机制的经验启示

1. 重视评估主体的独立性

第三方教育评估机构主体本身的建立，在一定程度上是其权威性和专业性的体现。[①] 美国、英国、法国、德国、日本、荷兰等国家在教育评估中都高度重视评估主体的独立性，以确保评估过程的公正、客观和可靠。评估机构的独立性体现在多个方面：首先，它们拥有法律地位和相应的授权，通过法律、政府法规或教育评估法案确立，以保障其独立行使评估职能。其次，独立的评估机构具有自己的组织结构和决策权，由董事会或理事会负责监督和决策评估事务，英、法两国高等教育第三方评估机构虽然是政府主导或授权建立的，从名称上看似乎也属于国家机构，但它们却拥有充分的自主管理权，政府无权直接干涉第三方机构的评估行为。如英国高等教育质量保证署和法国的国家评估委员会就是两国重要的高等教育第三方评估机构，政府根据其评估结果来评估各大高校的教育质量并决定拨款事宜。再次，评估机构

① 王凤秋，崔曼秋．比较视域下我国高等教育第三方评估机制的构建策略［J］．黑龙江高教研究，2021（3）：41-46.

拥有自主权和自治权，能够自主制定评估标准、程序和指南，并独立决策评估的内容和方式。最后，评估机构有自己的人员任命和管理制度，能够自主选择评估工作人员并管理其工作，不受被评估学校或其他利益相关方的指导和控制。

通过建立独立的机构，这些国家确保评估过程的独立性和客观性，使评估机构不受政治、经济和其他利益的影响，从而提高评估的公信力和信任度，增强教育评估的影响力和效果。评估主体的独立性是保证评估过程公正和可靠的关键要素，为被评估学校和教育体系提供有价值的反馈和改进建议。

2. 重视评估工作人员的专业性

第三方评估工作的评估工作人员构成群体及专业素质，是影响评估质量和评估结果权威性、公平性以及专业性的重要因素之一。上述六个国家的教育评估均非常注重评估工作人员的专业知识、经验和背景，以保证评估的准确性和有效性。

在专业性方面，这些国家的评估机构都有明确的要求和标准，规定评估工作人员必须具备相关的学术背景、教育经验和专业资格。例如，美国的教育评估机构要求评估工作人员具有丰富的教育经验、学术造诣和评估专业知识；英国的评估机构要求评估工作人员拥有高水平的教育和研究经验，并经过专门的评估培训；法国、德国、日本和荷兰等国家也都对评估工作人员的专业背景和资质有明确的要求，评估机构人员通常包括行政人员、专业科研人员以及国内外负责协助评估的专家。另外，这些国家的评估机构通过严格的选拔程序和培训计划来确保评估工作人员的专业性。评估工作人员通常需要参加选拔考试或面试，通过专业知识和能力的评估。被选中的评估工作人员还要接受系统的培训，包括了解评估标准和程序、掌握评估工具和方法，并了解评估机构的规章制度和职业道德准则。此外，这些国家的评估机构还很注重评估工作人员的继续教育和专业发展。它们提供培训机会、研讨会和学术交流平台，使评估工作人员能够不断更新知识、分享经验和提升专业技能。评估机构还鼓励评估工作人员参与学术研究，以促进教育评估领域的发展和创新。

在多元性方面，评估机构在招募评估工作人员时会考虑不同背景和专业领域的人员，以获取多元的观点和经验。评估工作人员可能来自不同的学术领域、教育背景和专业领域，具备不同的专长。这样的多元性能够提供更全面和综合的评估结果，促进对教育机构的深入理解和有针对性地改进。

评估工作人员的专业性和多元性是评估过程的关键要素。专业的评估工作人员能够运用科学的方法和工具，准确评估教育质量和绩效，并提供有针对性的改进建议。而多元性的评估工作人员团队能够从不同的角度和专业背景出发，提供多样化的观点和建议，丰富评估的视角和深度。这样的综合性评估团队能够增加评估结果的可信度和说服力，为教育机构的发展提供更全面、更有效的指导。

3. 遵循科学规范的评估程序

教育第三方评估程序的设置及评估工作的实施，是一个评估机构规范性、独立性和科学性的重要体现。从美国、英国、法国、德国、日本、荷兰等六国的评估程序来看，它们都注重规范性、透明性和有步骤性，都具有以下共同点。

（1）确定评估目标和标准。评估机构在开始评估前会明确定义评估的目标和标准，确保评估的准确性和一致性。

（2）编制评估计划和流程。评估机构会编制详细的评估计划和流程，确定评估的时间表、数据收集方法和评估工具。

（3）数据收集与分析。评估机构采用多种方法和工具进行数据收集与分析，包括学校自我评估、实地观察和访谈调查等。

（4）形成评估报告。评估机构根据收集到的数据和分析结果，编制评估报告，其中包括对学校的整体评价、问题发现和改进建议。

（5）反馈和改进。评估机构与学校进行反馈和沟通，将评估结果和建议提供给学校，帮助他们制订改进计划并采取相应措施。

（6）对评估结果的跟踪与反馈。除了定期展开新一轮的评估外，上述这些国家都非常重视对每一次评估结果的追踪与反馈。评估机构对评估结果进行监督和跟踪，能确保学校按照改进计划执行，并持续提升教育质量。通过规范的评估程序，这些国家的评估机构能够提供科学、客观和可信的评估结果，为学校的发展和改进提供有力支持。

4. 落实评估标准

从美国、英国、法国、德国、日本、荷兰等六国代表性评估机构来看，评估机构在教育评估中都设定了具体的评估标准，以评估学校的教育质量和绩效。评估标准涵盖了多个方面，包括教学质量、学生成果、教师和教学支持、学生支持和导向、学校管理和资源等。如美国的教育评估标准由各个认证机构制定，这些机构通常基于教育质量保障机构［美国高等教育认证协会（CHEA）］所发布的指南和准则进行评估。评估标准主要包括学校的使命和目标、教学质量、学生成果、教师和教学支持、学校资源和学生支持等方面。英国的教育评估标准由教育质量保证署制定。评估标准涵盖了教学和学术支持、学生支持和导向、学生学习机会、学生成果和学位授予、质量保证和改进等方面。法国的教育评估标准由国家评估委员会和科学研究与教育评估署等机构制定。评估标准涵盖了学校的使命和目标、学术标准和质量、师资力量、学生支持和导向、教学设施和资源、学术研究的质量和影响力等方面。日本的评估标准涵盖了学校的教学计划内容、学生学习成果、教师和教学质量、学生支持和导向、学校管理和资源、学校与社会的连接和服务等方面。德国的教育评估标准由教育评估机构认证委员会制定。评估标准涵盖了学校的目标和使命、教学质量、学生学习成果、教师和教学支持、学校管理和资源、学校与职业培训和就业市场的联系等方面。荷兰的教育评估标准由质量保证局制定。评估标准涵盖了学校的使命和目标、教学质量、学生支持和导向、学生学习成果、学生研究和影响力、学校管理和资源、学校与社会及行业的联系和合作等方面。

这些评估标准反映了对教育的全面评估和改进的关注，旨在确保学校达到一定的教育质量和标准，并为改进提供指导。同时，这些标准也考虑了学校与社会、行业和职业培训的联系，强调教育的实际应用和社会效益。

三、第三方教育评估机构监督机制的经验启示

评估机构的监督机制包括内部监督机制和外部监督机制，两者相互配合，共同确保评估的独立性、客观性和可信度。

1. 加强内部审查和质量管理

首先，行业监督是法治社会维系自治规范性的重要手段，社会力量发达的西方国家更是如此。例如，1996 年成立的美国高等教育认证协会（CHEA）是全美唯一从事高等教育认证机构审查的民间组织，其作用在于审查认定高等教育第三方评估机构的能力与质量，规范其行为，促使其公正地履行评估职能。

同时，评估机构应设立内部监督和审核程序，对评估过程和结果进行内部审核。这包括评估报告的审查、评估程序的监督、评估结果的质量控制等。通过内部监督和审核，评估机构确保评估标准的正确应用和评估报告的质量。

2. 建立外部监督机制

（1）通过信息公开形成监督体系。在美国，第三方教育评估机构必须公开评估程序与标准，并通过设立热线、开展听证、网上接受举报与监督等方式来主动接受社会大众以及媒体的监督。英、法两国第三方教育评估强调学校、家长以及社会的广泛参与，评估结果需要在网站上公开，接受社会各界的直接查询；被评估院校可以对评估结果展开直接监督。①

（2）设置专门的申诉渠道。许多西方发达国家的教育评估机构都设有专门的申诉渠道，以便公众或相关利益方对评估结果或评估过程中的问题提出异议或投诉。如英国教育标准局提供了一个申诉程序，任何人都可以对评估结果提出申诉。申诉将由专门的团队进行调查和审查，以确保评估的公正和准确性。美国教育部下属的评估机构，如教育评估与改进办公室（Office of Evaluation and Improvement）也设有申诉渠道。个人或机构通过书面形式向机构提出申诉，机构将进行调查和处理，并根据调查结果做出相应的回应。

通过内外部的监督机制，进一步提升评估工作的透明度，修正评估中的问题并改进工作质量，增强评估机构的声誉与可信度，同时还有助于评估机构不断提升自身能力与水平，为教育提供更优质的评估服务。

四、国外第三方教育评估机制的经验启示

通过美国、英国、法国、德国、日本、荷兰等六国第三方教育评估的保障机制、运行机制和监督机制，从中为我国第三方教育评估机制的构建和完善汲取一些有益的经验。

1. 独立性保障

评估机构的独立性是保证评估结果客观公正的重要基础。独立的机构在

① 耿宗程，王和平．比较视野下我国高等教育第三方评估的公信力困境及其超越［J］．高教探索，2022（1）：22-28.

组织结构上与政府和其他利益团体相对独立，拥有自主权和自治权，其法律地位和授权确保了评估机构能够独立行使评估职能。评估机构的独立性使其不受政治、经济和其他利益的影响，能够更加客观地评估教育质量和机构绩效。此外，评估机构的人员任命和管理制度也独立于被评估学校或其他利益相关方的指导和控制，确保评估的独立性和专业性。

2. 专业性要求

评估机构的专业性是保证评估准确性和有效性的关键。评估工作人员必须具备丰富的专业知识和经验，能够准确评估教育质量和绩效。他们经过严格的选拔和培训，掌握评估方法和工具，并遵守专业准则和道德规范。评估机构还建立了专业的评估团队和专家咨询机构，确保评估过程的专业性和科学性。

3. 多元化的评估标准

评估标准的多样性能够更好地反映不同类型和规模的教育机构的特点和需求。评估机构制定了涵盖教学质量、学生学术成绩、学校管理等方面的多样化评估标准。这些标准既符合国家和地区的要求和指导方针，又具备灵活性和可调整性，能够适应不同教育阶段和领域的特点。多元化的评估标准能够更全面地评估教育质量，提供更准确的评估结果。

4. 参与者的参与

在上述六个国家的第三方教育评估机制中，参与者的参与被视为至关重要的因素。评估机构积极鼓励和促进各利益相关方的参与，包括教育机构的管理层、教师、学生、家长、行业专家等。他们被视为评估过程中的重要参与者，他们的意见和反馈对于评估结果的准确性和可信度有重要作用。评估机构通过多种方式促进参与者的参与，例如，开展调查问卷、组织访谈、举办听证会等。这些参与形式使得参与者能够表达他们对教育质量和改进的看法和建议，评估机构也能够更全面地了解教育机构的实际情况和需求。

5. 透明度和公开性

评估机构注重评估过程的透明度和公开性，确保评估结果的可信度和可接受性。评估机构在评估过程中提供清晰的流程和指南，使被评估学校和利益相关方了解评估的具体步骤和标准。评估报告和结果公开发布，使社会大众能够了解教育机构的表现和质量，并提供反馈和建议。透明度和公开性有助于建立评估的信任度，增强评估的影响力和效果。

6. **持续改进和发展**

评估机构注重持续改进和发展，以适应不断变化的教育环境和需求。他们定期进行自我评估和外部审查，以确保评估过程和标准的有效性和准确性。评估机构积极吸收国内外的经验和最佳实践进行研究和创新，不断提升评估的质量和影响力。他们与教育机构及政府合作，共同推动教育质量的提升和改进。

第五章
管办评分离背景下第三方教育评估体系的建设

第三方评估是教育领域综合改革的重要一环，体现了教育评估理念的不断演进，也是立德树人、教育回归根本的重要举措。如何充分发挥教育评估机构的作用已成为提升教育质量的关键政策方向。然而，我们需要注意的是，教育评估机构的建立和评估方式的确定并不意味着可以脱离国家意志和政府导向，也不意味着评估指标可以凌驾于教育内部治理逻辑之上。

当前，由于我国现行的第三方评估体系缺乏法律制度上对第三方评估身份、权责等方面的保护与规定，第三方评估的独立性不强、组织制度不完善等导致第三方评估发展动力不足，运行制度和管理制度不规范导致第三方评估缺乏专业性等问题。因此，我们应该扎根中国的国情，尊重教育自身发展规律和社会主义市场经济发展规律，通过以自上而下的强制性制度来实现我国第三方教育评估制度的改革目标。同时，教育评估的改革关系到民生问题及社会稳定，政府主导的教育评价具有长期积累的理论和实践经验，所以不应贸然取消政府主导下的教育评估方式，而应采取渐进式的改革，在保留政府评价的同时引入第三方评估制度。①

在这个基础上，创新教育评估领域的局部机制，构建完善的教育评估保

① 卢现祥．新制度经济学［M］．武汉：武汉大学出版社，2004：177-178．

障机制、运行机制以及监督机制，提升评估的客观性、科学性和专业性。只有这样，才能真正突破第三方教育评估政策的原则性立足点。[①]

第一节　权责明晰，构建完善的第三方教育评估权力机制

“权责明晰”的权力机制是第三方评估机制的基础。打破当前政府建立在第三方评估活动中的行政掣肘，厘清政府与第三方评估组织间的权责边界，实现二者间的“权责明晰”是我国第三方评估权力机制建设应瞄准的靶心。

虽然当前第三方评估在教育领域得到了政府部门的认可和积极推动，但政府以多种形式呈现出的行政干预，成为第三方评估组织难以以合法、独立的评估主体身份介入教育质量评估领域的首要原因。前已述及，当前承接教育质量评估的第三方评估组织中，事业单位性质的评估中介机构和行业协会多是由国家与政府积极推动而成，在经费、人员以及运转机制上依赖于政府，在评估实践中往往扮演政府助理或政府延伸机构的角色。而市场型评估机构由于机构自身发展不成熟以及受双重管理体制束缚的现实生存压力，也与政府有着千丝万缕的关系。政府过多地干预或介入第三方评估过程，会直接导致行业协会、商业组织等多样化的第三方评估组织在教育质量第三方评估中的权力性问题难以得到保障。

因此，教育质量第三方评估权力机制的建设就是要打破现有的政府过度干预教育质量第三方评估的管理现状，通过一系列可行性规则安排，厘清政府与第三方评估组织的权责边界，保障第三方评估组织合法、独立地开展评估活动。

① 胡晓娟．增强适应性：职业教育第三方评估政策优化突破［J］．中国职业技术教育，2021（34）：30-37.

一、加快职能转变，加强政府对教育评估机构的主导

从国际教育评估机构的运行情况来看，一些国家已经完成从探索起步、发展到成熟的过程，形成了特点鲜明、制度健全、机制得力、成效显著的教育评估体系。其中关键点在于政府完成了在教育评估体系中的角色转变。政府不再干涉学校以及介入评估过程，而是侧重对教育质量保障的宏观管理，如颁布相关法规、制定相应标准、选择并评价评估机构，并根据评估结果确定对学校的认证与否及拨款额度。建立“管办评”分离机制，关键是理顺政府、学校、社会和市场的关系，以便形成与社会主义市场经济体制和现代化社会发展相匹配的教育管理新体制。

1. 政府转变职能、简政放权并提供资源支持

（1）转变政府职能。政府转变职能，发挥整体规划和政策制定的作用，通过颁布相关法规、制定政策措施来引导和规范教育发展。从过去过多干预和控制教育评估的角色转变为提供支持和监督的角色，减少对评估机构的行政干预和控制，以提高其自主性。

（2）建立独立监督机制。对评估机构的运行进行监督和评估，以确保其依法独立运行和履行职责。监督机制由独立的监管机构或专门的部门负责，对评估机构的行为和业务进行监督，并及时发现和纠正不当行为。

（3）提供资源支持。政府通过拨款、项目合作等方式，为评估机构提供稳定可靠的经费来源，支持其开展评估工作。同时，政府还可以提供专业人员培训和技术支持，提升评估机构的专业能力和水平。

2. 理顺政府、学校和评估机构的关系

政府、学校和评估机构是教育评估的三个关键参与方，需要明确政府、学校和评估机构的权责边界，理顺彼此的关系。政府通过建立政府购买评估服务的机制，委托评估机构对学校进行评估，实现独立、客观的评估目的。学校依据政府的政策指导和要求，自主制订教育教学计划、课程设置、教学方法等，负责学生的教育教学工作和管理。评估机构通过专业的评估方法和标准，对学校进行评估和监督，提供客观、公正的评价和建议。

3. 加强合作与沟通

政府、学校和评估机构应当加强合作与沟通，共同推动教育评估工作的开展。政府与学校和评估机构建立定期沟通的机制，了解评估需求和反馈，

及时解决问题和改进工作。学校积极配合评估工作，提供所需的数据和信息，参与评估过程，并将评估结果用于改进教育质量。评估机构与学校和政府进行专业交流和合作，提供相关培训和咨询支持，共同促进教育评估的发展和提升。

二、健全法律法规，奠定第三方教育评估机构的立法基础

政府制定相关法律或政策文件，明确第三方评估机构的法律地位和职责，确保其在教育领域中具有权威性和合法性。确立评估法规，是第三方教育评估机构实现目标模式、协调机构内外部关系的保障。完善教育评估法规应从立法和执法的三个方面开展。

1. 建立第三方教育评估机构法

建立第三方教育评估机构法是规范和引导第三方教育评估机构运行的重要举措。通过法律确定第三方评估组织的评估主体地位，保证第三方评估组织享有评估的法定权力。在第三方评估的场域中存在第三方评估组织、政府、学校等多个权力中心。如果仅凭政策上的推动，不赋予第三方评估组织法律地位，而关于其如何参与，参与哪些事项，能否对决策施加实质影响均由政府说了算，那其在开展教育质量第三方评估活动中势必会陷入被动与无权的尴尬处境。[①] 因此，明确评估机构的性质、任务、权限、宗旨和作用，为其提供法律依据和明确的指导。通过法律的约束和规范，确保评估机构的合法地位和权益，同时增强机构的责任意识和法律意识。

2. 建立第三方教育评估机构行为法

行为法的制定旨在预防和抑制非法行为，维护第三方教育评估机构的客观和公正地位以及评估对象的合法权益。行为法规定评估机构在评估过程中应遵循的行为准则和规范，包括评估的方法、程序、数据采集和分析等方面的要求。此外，行为法还可以制定违法行为的惩罚措施，以强化对违法行为的打击和制裁，维护评估机构的专业和诚信形象。

3. 规范评估机构的执法

评估机构的执法问题意味着评估机构必须遵守法律法规的规定，并严格

① 周娟，肖萍，程样国．高等教育治理社会主体法律地位研究［J］．中南民族大学学报（人文社会科学版），2018，38（3）：176-180.

按照法律法规实施和监督评估工作。评估机构要遵循法律的要求，确保评估过程的合法性和合规性。同时，评估机构应建立健全内部监督和质量控制机制，加强对评估工作人员的培训和管理，提高评估工作的质量和规范性。对于违法行为，评估机构要依法进行严肃处理，确保执法的公正和严肃性。

三、加大政策扶持力度，支持第三方教育评估机构的发展

在制度环境下，一切行动都应以制度为准则，从而减少各种不确定性。① 评估机构的建立必须要有政策保障，如果没有政策保障，就无法得到政府和公众的认同，更不具备合法性。在培育和发展第三方教育评估机构过程中，政府应积极扶持，间接调控，在借鉴世界教育发达国家完善的制度政策的基础上，根据我国教育质量第三方评估发展的实际，构建与完善服务于我国教育质量第三方评估发展的具有执行力、约束力和高效力的制度体系，为保障第三方评估组织合法、独立地开展第三方教育质量评估活动奠定制度基础。

1. 建立准入和退出制度

在国外，一些国家建立了教育评估机构的准入与退出制度，以确保评估机构的质量和专业水平。例如，在美国和日本，政府或行业协调机构负责资格认证，确保评估机构具备一定的专业能力和资质。在荷兰等国家，实行元评价，即由评估机构对其他评估机构进行评价，以提升整体评估质量。与国外相比，当前我国的教育评估机构类型多样，包括教育行政部门直属的事业单位、挂靠科研机构、学术团体、民办非企业以及商业评估机构等。然而，这些评估机构的设置审批机构却分散在各级政府的编制委员会、民政局、工商部门等，导致评估机构的设置条件和资格要求不统一，进而使得评估机构的大小、专业水平和工作规范存在较大差异。因此，从市场准入的角度来看，我国借鉴国外对各类教育评估机构的资格认证制度，以提升我国教育评估机构的整体水平和质量。

（1）建立统一的评估机构准入标准。制定明确的评估机构准入标准，明确评估机构需要满足的条件和要求，例如评估工作人员教育背景、专业知识和技能、评估经验等，以及考虑评估机构的专业水平、管理能力和质量控

① 诺斯．制度、制度变迁与经济绩效［M］．刘守英，译．北京：生活·读书·新知三联书店，1994.

制体系等，确保机构具备评估所需的专业能力。

（2）设立专门的准入机构或委员会。建立专门的准入机构或委员会，负责评估和审查评估机构的准入申请。实现准入程序的专业化和标准化，提高准入过程的透明度。

（3）强化准入审查和监督。对通过准入的评估机构，建立定期检查和评估制度，对其评估工作进行监督和评估。同时，对于存在违规行为的评估机构，应设立相应的惩罚机制，确保评估机构遵守规定和规范评估行为。

（4）加强行业协会和专业组织的参与。建立行业协会和专业组织的参与是加强教育评估机构准入制度的重要一环。这些协会和组织发挥专业和行业内部的监督和规范作用，制定行业标准、职业道德准则和实践指南，提供培训和专业发展支持。政府积极推动行业协会和专业组织发展，并与其合作，共同制定准入标准和评估机构规范，确保评估机构的质量和专业水平。

（5）加强信息公开和透明度。确保准入制度的透明和公正是建立良好的准入机制的关键。政府要求评估机构在准入申请过程中提供必要的信息和材料，同时公开评估机构的准入标准、申请程序和审核结果。由此增加公众对评估机构准入的了解和监督，促进评估机构的公信力和可信度。

（6）建立退出机制。除了准入机制，建立评估机构的退出机制也是重要的一环。评估机构应当遵守行业准则和规范，如存在重大违规行为或严重失职的情况，政府应设立相应的机制，对其进行严肃处理，包括暂停或吊销资格等。建立退出机制保障评估机构的行为规范，同时维护整个评估行业的声誉和形象。

（7）加强合作与交流。政府通过组织行业研讨会、培训班、交流访问等方式鼓励评估机构之间的合作与交流，促进经验和资源的共享。评估机构在合作与交流中，互相借鉴经验，提升整体水平和质量，共同推动教育评估事业的发展。

2. 建立扶植型政策支持

（1）建立经费管理制度。评估机构需要有足够的资源和经费来开展评估工作。政府通过财政拨款、项目资助等方式，为评估机构提供必要的资源和经费支持，确保其运行的稳定性和可持续性。

（2）制定相应的资助政策。鼓励社会力量参与评估机构的建设和发展，促进评估工作的多元化和专业化。

（3）建立国际交流与合作管理制度。鼓励评估机构与国际评估机构和组织进行交流与合作，参与国际评估项目和分享经验。评估机构通过与国际机构的合作，学习借鉴国际先进经验，提升专业水平和国际影响力。

（4）建立保护型政策的支持。第三方教育评估机构在组建、评估、服务过程中实现政策性保护，主要包括以法令形式创办评估机构，明确机构的义务和职能等。如建立机构准入和资质制度，对符合要求的机构进行注册，确保评估机构具备一定的专业能力和资质。

3. 奖惩型政策的支持

政府奖罚分明，奖优罚劣，政策才能产生效力。

（1）制定惩罚措施。政府应明确评估机构的违规行为和违法行为的法律后果，建立相应的惩罚措施，包括罚款、暂停或撤销注册资格、公示违规机构名单等，以维护评估工作的规范性和可信度。

（2）建立监督和投诉机制。政府应设立独立的监督机构或委员会，负责监督评估机构的工作，接受公众的投诉和举报，及时处理违规行为和投诉事项，维护评估工作的公正性和质量。

（3）鼓励建立与教育政策的紧密衔接。政府通过制定政策文件，明确评估机构在教育政策制定和改进中的角色和作用，促进评估结果的有效运用。评估机构应当与政府部门建立良好的合作关系，及时提供评估报告和建议，为教育改革和决策提供支持。

第二节　科学规范，健全第三方教育评估机构的运行机制

一、加强教育评估机构的自身能力建设

（一）重视对评估理论的研究

评估理论为评估工作提供了基础和指导，它涵盖了评估原理、方法论、

概念和框架等方面的知识体系。

（1）评估机构应通过深入研究评估理论，理解评估的本质和目的，把握评估的科学性和规范性，以确保评估工作的质量和有效性。

（2）评估机构应以理论为指导，将评估理论与实践相结合，确保评估工作的科学性和可操作性。评估机构在实践中要基于评估理论的原则和方法，结合具体的评估需求和背景，开展评估活动，并且需要明确评估的目标、对象和范围，明确评估的方法和步骤，并根据实际情况进行适当的调整和创新，以实现评估的有效性和可行性。评估机构应借鉴和运用先进的评估理论和方法，制定科学可靠的评估指标和标准，确保评估的客观性和准确性。同时，评估机构也应考虑到教育的多样性和复杂性，根据不同的评估对象和场景，制定灵活多样的评估标准，以更好地反映实际情况和满足评估的多样化需求。

（二）加强评估队伍的专业化建设

加强评估队伍建设的意义在于提升教育评估工作的质量和有效性，确保评估结果的客观性、准确性和可靠性。一个强大的评估队伍应具备专业知识、技能和经验，能够进行科学、全面和客观的评估，为教育决策提供有力的支持和参考。评估工作人员应包括有专家库的评估专家和评估机构的专职工作人员。

1. 专家队伍建设方面

（1）创建专家库。第三方教育评估机构队伍应改变以往主要由教育行政管理人员和学校离退休校长等组成的评估工作人员结构，通过公开招募、专家推荐和评估机构内部选拔等方式，优先考虑具有评估经验、具有广泛的社会代表性、思想政治觉悟高、在业界信誉高、业务条件好的人员，如教育理论专家、教师代表和教育行政部门人员等。

（2）加强专家的培训及管理。专家培训应包含评估方案、评估方法、评估技术、评估标准、评估程序、评后探讨、报告撰写等方面，通过专业培训和学习交流，不断提升专家的专业能力和评估技能；专家管理则要包含对专家进行入库登记、专家资格审核、专家信息管理、专家离岗登记、专家回避、违规管理、专家评价等方面，以保证专家管理的规范性和流动性。

（3）为专家提供评估指导和质量控制机制，确保评估工作的一致性和准确性。建立评估标准和指导文件，提供专家间的互查和交流，加强评估质量的监控和提升。

2. 评估机构专职队伍建设方面

（1）招聘合适的人才。评估机构应根据评估领域的需求和工作特点，招聘具有相关专业知识和技能的人才，以及诸如教育学、心理学、统计学、社会科学等领域的专业人员。

（2）掌握最前沿的评估理论和最先进的评估技术。第三方教育评估机构要想在该行业的市场上保持优势，在队伍建设方面既需要立足本国，积累和总结已有的评价资料和经验，又要放眼全球，与国际先进的第三方教育评价组织沟通与交流，借鉴其先进理念和技术，特别是数据分析与整合技术，不断掌握评估的新政策、新理论和新的评价技术，提高评估的科学性和准确性，增强评估机构的竞争力。

（3）明确评估工作人员的角色和职责，建立清晰的评估工作流程和责任分工制度。确保评估工作人员在评估过程中各司其职，并形成协同合作的工作机制。

（4）鼓励评估工作人员积累评估经验，并提供机会与他人分享经验和交流。鼓励评估工作人员进行学习和研究，探索新的评估理论和方法，评估团队合作和知识共享，促进彼此之间的学习和成长。定期组织团队会议、研讨会和经验交流活动，提升团队协作能力和专业共识。

（5）提供专业培训。为团队成员提供定期的专业培训，更新他们的知识和技能。培训内容包括评估方法、数据分析技术、报告撰写等方面，以确保团队成员具备必要的专业能力。

（6）建立评估队伍的职业发展和晋升机制，为评估工作人员提供清晰的职业发展路径和晋升机会。制定评估岗位职责和职级体系，根据评估工作人员的能力、贡献和成绩，进行评估工作人员的晋升和职业发展规划，激励其不断提升专业能力和业绩。

（7）探索建立评估工作人员的专业认证和资质认可制度，对经过培训和考核的评估工作人员进行认证，确保其具备评估所需的专业素养和能力。

（8）建立合作机制。与其他评估机构、学术机构、专业协会等建立合作关系，共享资源和经验，开展合作项目，提高团队的专业能力和影响力。

此外，为评估队伍提供良好的工作环境和发展机会，通过合理的薪酬福利、职业发展规划、激励机制和团队建设等措施，提高评估队伍的凝聚力和工作积极性。

（三）提升评估工作流程专业化水平

专业化的工作流程能提高评估工作的效能，通过确立清晰的评估方法和流程，确保评估工作的公正和中立，避免主观偏差和利益冲突，维护评估结果的客观性和权威性。提升评估工作流程专业化水平从以下几个方面开展。

1. 确立清晰的评估流程

一套清晰的评估流程应包含以下步骤。

（1）确定评估目标和范围，明确需要评估的内容和对象。

（2）制订评估计划。根据评估目标和范围，制订包括评估方法、数据收集方式、样本选择、时间安排、资源需求等内容的详细评估计划，确保评估工作的有序进行。

（3）数据收集和分析。根据评估计划，数据收集通过问卷调查、访谈、观察等方式采集和整理相关的数据和信息，并通过量化和定性的方法对数据进行分析和解释，以获取准确的评估结果。

（4）评估结果和报告。根据数据分析的结果，生成评估报告，评估报告包括评估结果、发现的问题和改进建议等内容，清晰、准确地呈现评估的发现和结论。

（5）反馈和沟通。将评估结果和报告反馈给被评估方及其他利益相关者，进行沟通和交流，确保被评估方对评估结果有清晰的理解，并与他们共同探讨解决问题和改进的措施。

（6）结果应用和跟踪。评估结果应用于决策和改进过程中，被评估方应根据评估报告提出的改进建议，制订相应的行动计划并跟踪实施情况，以提高教育质量和学校管理水平。

（7）评估质量保障。建立包括内部和外部的质量审查和监督保障机制，确保评估流程的科学性、客观性和可靠性，提高评估工作的质量和信任度。

2. 采用科学的评估方法和工具

科学的评估方法和工具是指基于科学原理和研究方法设计和应用的用于收集、分析和解释评估数据的方式和工具。常见的评估方法和工具有问卷调查、访谈、观察、样本调查、文件分析等。在选择评估方法时，要注意以下五个问题。

（1）有明确的目的和问题，以确保收集的数据能够回答评估的关键问题。

（2）具备良好的信度和效度，能够提供可靠准确的评估结果。

（3）采用合适的数据收集方式和技术，以确保数据的可信度和适用性。

（4）提供详细的数据分析和解释，以揭示评估结果的含义和洞见。

（5）可经过验证和可重复的，其他研究者能够复制和验证的评估方法。

3. 制定评估工作规范和操作手册

制定评估工作规范和操作手册是确保评估工作规范性和一致性的重要步骤。在制定评估工作规范时注意以下问题。

（1）确定评估目标和范围、评估内容、对象和时间计划。

（2）根据评估目标，制定评估标准和指南。评估标准应明确评估的要求和期望，指导评估工作的进行。评估指南提供具体的操作步骤和要求，确保评估工作的一致性和规范性。

（3）确定数据收集和分析方法。确定适用的数据收集方法和工具确保数据收集和分析的方法与评估目标和内容相匹配，能够提供准确和可靠的评估结果。

（4）设计评估步骤和时间安排。明确评估工作各个阶段的任务和交付材料，并合理安排时间以确保评估工作按时完成。

（5）建立评估工作的沟通和反馈机制，确保与利益相关者的及时沟通和信息共享。包括评估结果的反馈、问题解答、意见征询等。

（6）培训和培养评估工作人员。确保评估工作人员具备必要的专业知识和技能，能够执行评估工作规范和操作手册中的要求。

（7）定期审查和更新。定期审查评估工作规范和操作手册，根据评估工作的实践和经验进行更新和修订。确保规范和手册与评估工作发展保持一致。

4. 建立数据管理和分析系统

良好的数据管理和分析系统能提高数据处理的效率和效果，促进数据的共享和应用，为评估工作提供可靠的数据依据和决策支持。建立数据管理和分析系统一般而言遵循以下步骤。

（1）确定评估数据的类型和范围，例如收集的数据是学生学业成绩、教师评价，还是学生问卷调查的数据等。

（2）设计数据收集工具和流程。根据数据类型和范围，设计合适的数据收集工具和流程，如问卷调查、观察记录、档案收集等，确保数据收集工具能够获取准确、全面的数据。

（3）建立数据管理系统。选择合适的数据管理系统，如电子表格软件、数据库系统或专门的评估数据管理软件，确保数据管理系统具有良好的数据结构、数据分类和命名规范，便于数据存储和管理。

（4）收集和录入数据。根据设计的数据收集工具和流程，遵循标准化的数据录入规范，开始收集和录入数据，确保数据的准确性和完整性。

（5）数据清理和验证。对收集到的数据进行清理和验证，检查数据的缺失、异常值和错误，并进行修正和清理，确保数据的一致性和可靠性。

（6）数据分析。根据评估的目标和问题，选择合适的数据分析工具（如统计软件）进行数据分析。如描述性统计分析、相关性分析、回归分析、因子分析等。

（7）解释和报告数据分析结果。将数据分析的结果进行解释和报告，提取有意义的结论，如撰写分析报告、制作数据可视化图表、展示数据分析结果等，确保结果易于理解和应用。

（8）数据保护和隐私保护。遵守相关的数据保护法律和政策，采取适当的数据加密、访问控制和备份等措施，确保数据的安全性和保密性。

（9）定期评估和改进数据管理和分析系统。定期评估数据管理和分析系统的效果和效率，根据评估结果进行必要的改进和调整，以提高数据管理和分析的质量和效能。

（10）组建专业的数据管理和分析团队，包括数据管理员、数据分析师和统计专家等。提供专业培训和技术支持，保证团队成员具备必要的数据管理和分析技能。将教育评估数字化，为教育决策提供有力的依据，促进教育质量的提升和改进。同时，有效的数据管理和分析能提高评估的透明度和可信度，赢得利益相关方的信任和支持。

5. 建立质量控制和质量保证机制

建立评估工作的质量控制和质量保证机制，其关键步骤包括以下几方面。

（1）制定评估工作规范和操作手册，明确评估的目的、范围、流程、方法和要求，确保评估工作的一致性和标准化。

（2）建立质量控制流程，明确质量控制的关键节点和流程，包括数据收集、数据分析、评估报告的编写等环节。为每个环节制定相应的质量控制措施和标准，确保每个步骤都符合质量要求。

（3）培训和专业发展。为评估工作人员提供培训和专业发展机会，以提高其评估技能和知识水平，确保评估工作人员具备必要的专业能力。

（4）建立评估团队内部的审查和互查机制，发现潜在的问题和错误，并及时纠正和改进。

（5）外部评估和审查。定期邀请外部专家或机构对评估工作进行独立的评估和审查，确保评估过程和结果的客观性和可信度。外部评估包括评估报告的评审、现场检查和定期检查等。

（6）反馈和改进机制。建立评估结果的反馈和改进机制，及时将评估结果反馈给被评估单位，并与其进行沟通和讨论。根据反馈意见和建议，及时改进评估方法和流程，提高评估工作的质量和效果。

（7）质量保证文件和记录。建立质量保证文件和记录，包括质量控制流程、培训记录、审查报告等。这些文件和记录作为评估工作质量的证据，也有助于追溯和改进评估过程。

6. 建立反馈机制和持续改进机制

评估机构应重视评估结果的反馈和利用，及时调整和改进评估方法和流程，提高评估工作的效果和影响力。

（1）设立反馈渠道，使被评估单位能够及时了解评估结果并提出意见和建议。

（2）收集和整合反馈信息。评估机构对收到的意见、建议和问题进行分类和归纳，形成综合的反馈报告。这样可以对评估工作的不足之处进行全面的分析和总结。

（3）分析和反思评估过程。评估机构应对评估过程进行深入的分析和反思，检视评估方法、工具和流程是否合理和有效。

（4）制订改进计划。基于反馈信息和分析结果，评估机构应制订具体的改进计划，明确改进目标、措施和时间表。改进计划包括评估方法的改进、评估工作流程的优化、评估工作人员的培训和提升等方面。

（5）实施改进措施。根据制订的改进计划，逐步实施改进措施。同时，评估机构还应建立有效的监测和评估机制，对改进措施的实施效果进行跟踪和评估。

（6）定期评估和回顾。评估机构应定期进行评估工作的回顾和评估，检视改进措施的实施效果和工作质量的提升情况。

通过建立反馈机制和持续改进机制，评估机构不断接收和借鉴来自被评估单位和利益相关方的意见和建议，及时调整和改进工作方法和工作流程。

7. 加强信息的公开和透明度

加强信息的公开和透明度对于评估机构的发展和评估工作的有效性至关重要。其关键措施包括以下几种。

（1）制定信息公开政策。评估机构应制定明确的信息公开政策，并将其纳入评估机构的运行和管理框架中，明确信息公开的原则、范围、方式和频率，并确保信息公开的一致性和持续性。

（2）建立信息公开平台。评估机构应建立专门的信息公开平台或网站，用于发布评估工作的相关信息，这个平台应该是易于访问和导航的，并提供多种格式的信息，以满足不同利益相关方的需求。

（3）提供信息查询渠道。评估机构应建立信息查询渠道，使利益相关方能够方便地查询和获取评估相关的信息。这包括设置信息查询热线、电子邮件咨询、在线聊天支持等方式，以便及时解答问题和提供相关信息。

（4）公开评估步骤和标准。评估机构应公开评估工作的步骤和标准，让被评估单位和其他利益相关方了解评估的具体过程和评估的标准依据。这可以增加评估的透明度和可理解性，同时也可提高评估的公信力和可接受性。

（5）主动信息披露。评估机构应主动披露评估工作的相关信息，包括评估计划、进展报告、评估结果摘要等，如通过定期发布新闻稿、举办发布会、参加相关活动等方式来实现。主动信息披露有助于建立评估机构的良好形象和声誉。

（6）强化信息保护和隐私保密。评估机构应制定相应的保密政策和措施，确保评估中涉及的个人信息和机密信息得到妥善保护，不被滥用或泄露。

通过加强信息的公开和透明度，评估机构能够提高工作的可信度和公信力，建立起与被评估单位和利益相关方之间的信任关系，同时也能够促进评估工作的监督和教育质量的提升和发展。

8. 规范评估档案的存档

每一次评估工作后，规范评估档案的存档是至关重要的，它能确保评估结果的可追溯性、透明性和可信度，为后续的数据分析、报告编制、评估反馈和质量审查提供依据。在存档中，要注意将评估过程中产生的文件、数据和报告进行分类和整理，确保档案的有序性和完整性。根据评估项目的不同阶段和内容，设立不同的文件夹或电子文件夹，方便存档和检索。对于涉及个人隐私或敏感信息的评估档案，应采取相应的保密措施。对于已经过期的档案，应执行相应的销毁规定和程序。做好评估档案的存档工作，有利于此后在开展评估工作中，作为参考资料进行对比分析，同时也是第三方评估机构工作内容的体现和经验的积累，是作为相关理论研究和评价工作的重要资料。

（四）提升评估方法和技术专业化程度

提升评估方法和技术的专业化程度对评估机构具有重要意义。它能够提高评估工作的质量，通过科学、客观和准确的评估结果支持决策者制定科学合理的教育政策和改进措施。同时，专业化的评估方法和技术增强了评估工作的影响力，提升了评估结果的说服力和权威性，促进了评估报告和建议的接受和采纳，推动教育改革和提升教育质量。最重要的是，它能够强化评估机构的专业形象和声誉，树立良好的口碑和信誉，赢得利益相关方的信任和认可。评估机构提升评估方法和技术专业化有以下途径。

1. 不断更新评估方法

评估机构应紧跟评估方法和技术的发展，持续关注最新的研究成果和创新实践，跟踪国际前沿，了解最新的评估方法和工具，并根据实际情况进行改进，以确保评估工作与时俱进。评估机构在执行评估工作时，根据具体的评估对象和评估目的选择合适的评估方法。目前常用的评估方法有三种：一是定性评估方法，即通过观察、访谈、焦点小组讨论等方式收集和分析描述性的数据，了解评估对象的特征、态度、观点和体验。定性评估方法适用于对个体和群体行为、态度和体验进行深入理解的情况。二是定量评估方法，即通过问卷调查、测试、统计分析等方式收集和分析数值化的数据，量化评估对象的特征、表现和效果。定量评估方法适用于对大规模样本和整体情况进行分析和比较的情况。三是混合方法，即综合利用不同类型的数据来获取全面和多维度的评估结果。混合方法更好地满足评估对象复杂性和多样性的需要。除此以外，更新评估方法的途径还有以下几个方面。

（1）参与专业交流和培训。积极参与评估领域的专业交流和培训活动，与同行机构和专业人士分享经验和最佳实践，获取新的评估方法和技术。

（2）进行研究与创新。评估机构自行开展研究项目，探索新的评估方法和工具，验证其有效性，并在实践中进行改进和优化。

（3）借鉴其他领域经验。评估机构借鉴其他领域的评估方法和工具，如医疗、环境、社会政策等领域的评估经验，将其应用到教育评估中，拓宽评估方法的广度和深度。

综上所述，评估机构应根据评估对象和评估目的选择合适的评估方法，并根据社会的需求和教育领域的发展不断更新和改进评估方法，以提供更准确、有效和全面的评估结果，推动教育的改善和发展。

2. 建立专业团队

评估机构应拥有一支专业的评估团队，包括具有相关学科背景和专业知识的评估专家、数据分析师、研究人员等。这些专业人员应接受系统的培训和持续的专业发展，以提升他们的评估技能和专业素养。评估机构组建专业团队是提高评估工作质量和效果的关键步骤，通过招聘合适的人才、提供培训、鼓励学习与创新、定期评估和反馈、建立合作机制和有效团队管理，为教育评估提供专业支持和保障。

3. 加强技术支持

评估机构应投入足够的资源和支持，建立先进的评估技术平台和工具，如数据分析软件、在线调查工具等，以提高评估数据的收集、分析和解释效率。加强技术支持，用技术赋能教育评估是提高评估工作效率和效果的重要举措。采取的措施有以下几种。

（1）采用先进的评估工具和技术。评估机构利用先进的评估工具和技术，如在线调查问卷、数据分析软件、数据可视化工具等，提高数据收集、处理和分析的效率和准确性。通过技术手段，更快捷地获取大量数据，并进行深入的数据分析和可视化呈现。

（2）利用大数据和人工智能技术。评估机构运用大数据和人工智能技术进行数据挖掘和分析，发现潜在的关联性和模式，提供更深入的洞察和预测。这些技术帮助评估机构更好地理解数据背后的意义，提供更精准的评估结果和建议。

（3）提供在线培训和支持。评估机构开展在线培训和支持，培养团队成员的技术能力，提高他们在评估工作中的应用水平。通过提供在线学习资源、培训课程和技术支持，评估机构可以帮助团队成员熟练掌握评估工具和技术的使用。

4. 注重评估研究

评估机构应重视评估方法和技术的研究，通过开展研究项目、发表研究论文等方式，推动评估领域的理论和实践创新，为评估方法和技术的专业化做出贡献。

评估机构在选择研究方向方面，基于实际需求和目标，遵循以下原则。

（1）政策导向。评估机构关注国家或地区的教育政策目标和优先领域，选择与政策导向相一致的研究主题，为政府决策提供支持，并推动政策的制定和实施。

（2）实践需求。评估机构根据学校、教育机构或教育群体的实际需求，选择与其具体问题和挑战相关的研究主题，这有助于提供实用的解决方案，改进实践并推动教育改革。

（3）研究领域专长。评估机构应考虑自身的专业领域和研究专长，选择与其专业能力和经验相匹配的研究主题，确保评估研究的科学性和专业性，并提供高质量的研究成果。

（4）创新性和前瞻性。评估机构关注教育领域的创新实践、前沿问题和新兴趋势，选择具有创新性和前瞻性的研究主题，这有助于推动教育发展，并为未来的评估工作提供参考和指导。

在研究方法上，通过文献研究、研讨会和学术交流、与高校或其他评估机构合作开展等方式开展评估理论研究。此外，评估机构还要注重理论研究的深入和广度，不断关注教育评价改革的实际需求，将理论研究与实践相结合，为教育评价改革提供理论指导和实践经验。

（五）提高评估标准的科学性

通过提高评估标准的科学性，评估机构可以确保评估工作的质量和效果，为教育改革和教育质量提升提供科学的依据和支持。评估机构要提高评估标准的科学性，意味着评估标准应该建立在科学、客观、可靠的基础上，以确保评估结果的准确性和可信度。具体来说，这意味着评估机构在制定评估标准时应该遵循以下原则。

1. 基于科学研究和实证证据

评估标准的制定应基于科学研究和实证证据，包括教育学、心理学、测量学等领域的理论和研究成果。评估机构应关注最新的研究进展，考虑到教育目标、学习理论、教学方法、学生发展等方面的科学知识，了解相关理论和方法的发展趋势，并将其应用到评估标准的制定中。

2. 充分考虑评估目的和对象

评估标准应与评估的目的和对象相匹配。不同的评估目的和评估对象可能需要不同的评估标准和指标，因此评估机构需要根据具体情况选择合适的标准，确保其科学性和适用性。

3. 参考国内外的最佳实践

评估机构参考国内外其他评估机构的最佳实践和成功经验，了解它们在评估标准制定方面的做法和方法。这包括参考国际组织、行业协会以及其他专业团体制定的评估标准，借鉴它们的经验和教训，以提高评估标准的科学性和可行性。

4. 邀请专家参与标准制定

评估机构邀请相关领域的专家参与评估标准的制定工作。专家提供权威的意见和建议，确保评估标准具有科学性和专业性。评估机构组织专家讨论会、研讨会或成立专家咨询委员会等形式，邀请专家对标准进行审查和修订。

5. 进行试行和验证

评估机构通过试行和验证的方式来提高评估标准的科学性和实用性。在实际评估工作中，尝试运用新制定的评估标准，并对其进行评估和验证。通过与实际情况的对比和反馈，发现标准中存在的问题和不足，并及时进行修订和改进。

6. 定期审查和更新

评估标准应定期进行审查和更新。评估机构应建立标准审查机制，定期对评估标准进行评估和修订。包括定期召开标准审查会议、收集利益相关者的意见和反馈、考虑新的研究成果和实践经验等，以确保评估标准与时俱进。

评估机构提高评估标准的科学性对于评估工作的质量和效果至关重要。

科学的评估标准能够确保评估结果的准确性和可信度，提升评估机构的专业形象和声誉，同时促进教育改革和提升教育质量，实现教育目标的持续改进和发展。

（六）完善评估结果的应用机制

教育评估的最终目的是发现学校的问题并提出建设性意见，从而促进学校的发展。第三方评估若想产生效力，则需要有一个较好的奖惩机制，使评估方给出的评估结果对学校产生影响，并使学校对评估结果进行有效利用。但是，目前，我国政府对第三评估的评估结果应用主要体现在两个方面：第一，评估结果未能得到充分的反馈与公示；第二，评估结果未对社会组织产生刚性约束。①

评估结果应用机制是第三方评估的重要机制，如果教育评估只注重评估和评估结果，而不重视对评估结果的应用，就会导致评估结束后，评估结果被束之高阁，失去了评估结果应当有的作用。第三方参与的教育评估就失去了原有的价值和意义。②第三方参与的教育评估是衡量教育管理水平和教育质量的重要手段，通过评估反馈—评估结果应用—学校教学管理的改善—学校办学质量的提升这一良性循环，达到保障教育质量，保障教育发展行稳致远，公众满意度不断提高的目的。因此，为了防止政府及学校在应用第三方教育评估结果中出现随意性太大、形式化、走过场等方面的问题，建立科学合理的评估结果应用机制，保障评估结果的有用性也是一项势在必行的工作。

1. 建立评估结果的反馈与申诉制度③

建立评估结果的反馈和申诉制度是为了确保评估工作的科学规范，以及给被评估单位提供合理的申诉渠道。评估机构应将评估结果及时反馈给被评估单位，以确保他们获得评估的详细信息和发现。这包括提供评估报告、召开反馈会议、进行沟通交流等方式，确保被评估单位对评估结果有清晰的了

①③ 肖乐乐．政府购买社会服务的第三方评估：动因、效应及策略研究［D］．上海：华东理工大学，2015：35-40.

② 车洁．我国地市级政府绩效评估第三方参与机制研究［D］．成都：电子科技大学，2015：34.

解。评估结果的解读和解释是关键环节。评估机构解读评估结果，帮助他们理解评估报告中的数据、分析和建议。通常，评估工作受到评估工作人员主观性行为和客观环境影响，因此难免会产生一定的偏差。[①] 被评估单位如果对评估结果存在异议或认为评估过程存在不公正情况，应有机会提出申诉。评估机构应建立明确的申诉程序，包括申诉的途径、申诉材料的提交和处理流程等，以确保被评估单位的申诉得到妥善处理。

2. 建立评估结果的应用制度

建立评估结果的应用制度是确保评估工作产生实际影响的重要措施。评估结果的跟踪是评估应用制度的重要环节。评估机构应定期与被评估单位进行沟通和跟进，了解它们在改进措施方面的进展和成效。这可以通过中期评估、后续跟踪调查或定期反馈会议来实现。评估机构应积极与被评估单位合作，促进改进措施的持续推进和效果监测，确保评估结果的应用和影响能够持续发展。评估结果的应用是关键目标。被评估单位应根据评估结果提出改进计划和行动方案，确保评估报告中的建议得到有效执行。评估机构可提供支持和指导，帮助被评估单位制定可行的改进措施，并提供资源和培训支持，以促进改进计划的实施。

3. 建立评估结果的问责制度

评估结果的问责制度是指对评估结果负有责任的各方在评估过程中承担责任和接受追究的机制，能促使相关方在评估结果的基础上采取适当的行动。主要包括以下几个方面。

（1）责任明确。评估过程中的各方应明确各自的责任和职责，包括评估机构、被评估单位和利益相关方。评估机构应负责确保评估过程公平、公正、公开，被评估单位应承担改进和提高质量的责任，而利益相关方则对评估结果负有相应的责任。

（2）问责机制。建立一套完善的问责机制，确保评估结果的有效应用和相应行动的落实。包括设立问责委员会或机构，负责监督评估结果的执行情况，并对未能履行责任的相关方采取相应的问责措施等。

（3）监督和审查。建立独立的监督和审查机制，对评估过程和结果进行审查和监督。包括内部审查、外部审查和第三方评估等方式。

① 高聪．社会组织评估体系构建研究［D］．青岛：青岛大学，2014：33.

（4）追究责任。对于故意篡改、歪曲评估结果或其他违规行为的个人或机构，应追究相应的法律责任。同时，也应建立追责机制，对未能履行职责和未能按照评估结果采取行动的相关方进行追责。

（七）保证评估结果的权威性

评估机构保证评估结果的权威性是评估工作的关键任务之一。第三方教育评估机构要保持它的专业性、独立性、规范性，加强行业内自律性和权威性，才能促进社会的认可。在确保教育评估机构的权威性方面，有几个关键要点。

（1）树立专业声誉。评估机构应树立良好的专业声誉，通过提供高质量的评估服务和专业的工作表现来赢得信任和认可。这包括确保评估工作人员具备专业背景和经验，遵循科学的评估方法和程序，以及准确、客观地呈现评估结果等方面。

（2）严格遵循行业标准和规范。评估机构应遵循相关的行业标准和规范，例如国际评估组织，如国际教育评估协会（IEA）、经济合作与发展组织制定的评估指南和规程。这些标准和规范确保评估机构的工作符合国际最佳实践，并提供了权威性和可比性。

（3）提供透明和可靠的评估过程。评估机构应公开评估方法、样本选择、数据收集工具和分析程序，使评估结果具有可信度和可重复性。

（4）保持独立性和中立性。评估机构应确保独立性和中立性，避免利益冲突和偏见的影响。评估机构应遵守专业伦理准则，确保评估工作人员和机构本身不受外部利益的干扰。评估过程要具有独立性，包含独立撰写评估方案、独立组织评估、独立分析评估问题、独立撰写评估报告等。评估结果能够客观和公正地反映评估对象的实际情况。

（5）持续学习和提升。评估机构应积极参与评估理论和方法的研究，关注教育评估领域的新趋势和发展，参与学术和专业交流活动，持续学习和提升评估方法和技能。同时，评估机构应与其他专业机构、研究机构和学术界保持紧密合作，分享经验和最新研究成果，不断改进评估实践，推动评估工作的创新和进步。

（6）建立合作伙伴关系。评估机构与各级政府部门、学校、教育机构和其他利益相关方建立合作伙伴关系，共同推动评估工作的发展和实施。这有助于确保评估工作的广泛参与和支持，并增强评估结果的权威性和影响力。

二、优化教育评估机构的运行环境

当前，社会民众从对“有学上”向“上好学”发生转变，教育评估机构的作用和地位不断凸显。第三方教育评估机构能否顺利地培育和实施起来，仅靠机构自身是难以进行的，还必须有相应配套的环境支持与相关资源的相互协调和配合。总的来说，第三方教育评估蓝图的实现，需从以下几个方面着手。

（一）评估机制的运行模式

在教育体系中，政府、学校、评估机构及元评估机构是相互联系又相互独立的主体。首先，政府在评估机构的运行环境中扮演重要角色，政府应给予评估机构充分的支持和尊重，尊重其独立性和专业性，利用自身在信息、资源等方面的优势，完善相关政策，为第三方教育评估的应用和推广创造良好的环境，提供必要的政策和资源支持，建立积极、开放的合作机制，促进评估机构与政府部门之间的有效沟通和协作。其次，政府通过委托授权的方式将评估权利转移到第三方评估，通过财政拨款和质量的挂钩，间接地达到监控学校质量的目的。第三方评估在分解政府公共管理压力的同时，为学校争取到更多的自主权，缓解了政府和学校之间的关系。学校出于维护自身利益的需要，积极配合第三方机构进行评估，同时第三方评估的人员构成来自社会的各个阶层，能够准确提出学校发展中存在的问题，对学校的工作做出客观、公正、科学的价值判断，促进学校质量的提高。但是，第三方教育评估组织的建立、职能的运行和评估过程都应接受政府、社会、学校和元评估机构的监督，其运行机制如图 5-1 所示。因此，政府、学校、评估机构及元评估机构应建立协调机制，规划教育评价的内容、过程和结果，规范第三方评价人员参与评价的程度和方式，形成一个良性循环的系统，共同助力教育的发展。

（二）社会舆论和认可

社会舆论指的是社会公众对教育评估机构和其评估工作的看法、态度和观点。认可则是指社会各界对教育评估机构的认同和信任程度。社会舆论和认可对教育评估机构的运行环境具有重要影响，积极和良好的态度有助于评估机构获得广泛的支持和参与，提高评估结果的权威性和可信度。其关键之处有以下几点。

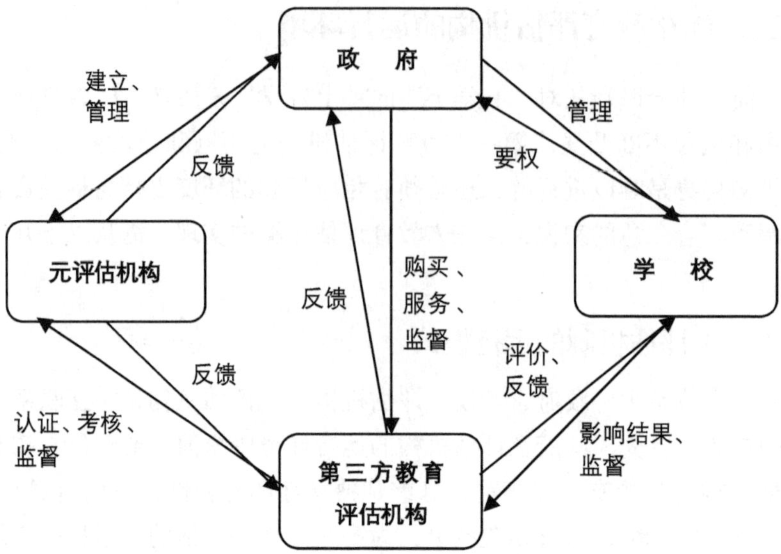

图 5–1　第三方教育评估的运行

（1）建立信息公开和透明机制。评估机构应加强与公众的沟通和交流，主动向社会公众公开评估工作的相关信息，通过及时、准确、透明地公开信息，评估机构增加社会公众对其工作的了解和认同。

（2）加强社会参与和合作。评估机构应积极邀请社会各界的代表、利益相关方和专业人士参与评估工作，包括参与评估设计、数据收集和结果解释等环节。通过广泛的社会参与和合作，评估机构获得更多的反馈和建议，提高评估工作的可信度和有效性。

（3）定期发布评估报告和研究成果。评估机构应定期发布评估报告和研究成果，向社会公众展示其工作的成果和影响。这些报告和成果应具有可读性和可理解性，便于公众获取和利用。评估机构还可以组织专题研讨会、发布会等形式，与社会公众分享评估结果和经验。

（4）加强与媒体的合作。评估机构与媒体建立良好的合作关系，提供及时、准确的评估信息，引导舆论关注教育。

（5）加强与社会各界的沟通和交流，倾听社会的声音和需求。评估机构应积极回应社会关切，公开透明地发布评估结果和报告，向公众解释评估工作的意义和影响。同时，评估机构应与媒体建立良好的合作关系，提供准确的信息，消除误解和偏见，增强公众对评估工作的认可和信任。同时，还要努力营造评估文化发展环境，加强公共舆论引导工作，加大对第三方教育评估的宣传和推广，让各行各业加深对第三方教育评估机构及其评价活动的认识，提高社会对第三方教育评价的认同度。

（三）社会治理体系的建设

评估机构应积极参与社会治理体系的建设，与各利益相关方共同推动教育改革和提升教育质量。一般来说，有以下几种途径。

（1）建立合作共同体。评估机构应与教育部门、学校、教育研究机构、教育相关的行业组织等建立合作共同体。通过合作共享资源、经验和专业知识，共同推动教育改革和提升教育质量。

（2）参与政策制定和决策过程。评估机构应积极参与教育政策的制定和决策过程，提供专业的评估意见和建议，为决策者提供科学依据。

（3）组织评估研讨会和学术交流。评估机构定期组织评估研讨会、学术交流活动，邀请学者、专家和从业人员共同研究和讨论评估领域的热点问题和挑战，以促进知识的共享和学术的进步，提高评估机构的专业能力和学术声誉。

通过积极参与社会治理体系的建设，评估机构能够与各利益相关方建立良好的合作关系，共同推动教育改革和提升教育质量。这种多方参与和合作的模式能够充分发挥各方的优势和资源，形成合力，促进教育评估工作的科学化。

（四）公民意识和参与

鼓励公民参与评估工作，提高公民对教育评估的认知和重视程度。评估机构开展公众参与的活动，征求公众意见和建议，让公众参与评估过程，增强评估的合法性。

（1）提供信息和教育。评估机构开展宣传活动，向公众提供关于教育评估的信息和知识，解释评估的目的、意义和过程。通过举办讲座、开展培训、制作宣传资料等方式，增加公众对教育评估的了解，促进公民的参与意愿。

（2）开展公众参与活动。评估机构定期举办公众参与活动，邀请公民参与评估项目的讨论、意见收集和评价。通过组织座谈会、征求意见、开展问卷调查等形式，让公民表达对教育评估的看法和需求，并将公众意见纳入评估工作的决策和实施过程中。

（3）建立投诉和举报渠道。评估机构建立专门的投诉和举报渠道，鼓励公民对评估工作中的不当行为或违规行为进行举报。这可以增加公众的参与度，提高评估工作的公开和透明度，保护公民的合法权益。

（4）制定公众参与政策。评估机构制定公众参与政策，明确公众参与的方式、时间、内容和程序。建立专门的公众参与委员会或咨询机构，负责与公众沟通和协调，确保公众参与的有效性和代表性。

（5）加强沟通与互动。评估机构应积极与公众进行沟通与互动，倾听公众的声音和意见。可以通过社交媒体、在线平台、公众论坛等渠道与公民进行交流，回答他们的疑问、解释评估结果，并及时反馈评估工作的进展和成果。

通过优化教育评估机构的运行环境，加强机构与政府、社会舆论、社会治理和公民意识之间的互动和合作，提升评估工作的有效性和影响力，推动教育改革和提升教育质量。同时，也能够增强评估机构的公信力和形象，赢得各利益相关方的信任和支持。

三、完善教育评估机构对外交流机制

教育评估机构建立对外交流机制具有重要的意义，它能够促进评估机构的发展，提升其影响力和专业形象，增进与各利益相关方的合作与理解，推动教育改革和提升教育质量。具体做法有国内交流和国外交流两种。

（一）国内交流方面

（1）组建全国性的第三方评估协会。全国性的评估协会主要负责和政府的沟通和对话，调节和仲裁评估中出现的矛盾，为政府决策提供相应的信息和服务。该协会最主要的作用在于为全国的第三方评估机构提供对话和交流的场所，通过定期举行全国性的交流会议，帮助解决和向政府反映评估中出现的问题和障碍，并积极地谋求与国际组织和质量保障机构交流的机会。全国性的评估协会可由优秀的和有丰富评估经验的专家担任，接受政府的部分拨款或税收优惠，但应保持独立性，与政府处于平等地位。

（2）组建区域性的第三方评估协会。由于我国区域发展存在差别，因而组建区域性的评估协会是很有必要的，区域性的评估协会可参照美国区域性评估组织的做法，用来负责全国各区域的评估活动以及与地方政府的沟通交流。如将发展到一定规模的市县级的第三方评估机构合并成省一级的评估协会，从而有利于规范区域内的评估活动，对其进行评估统筹规划，以形成区域评估特色，加强区域评估的竞争力。

（3）建立在线平台。建立一个在线平台或社区，供教育评估机构之间进行交流和合作。这个平台可以提供论坛、博客、专题讨论等功能，促进评估机构之间的交流和经验分享。

（4）组织研讨会和培训活动。定期组织研讨会、培训活动，邀请国内的评估专家、从业人员和学者参与。这些活动可以提供一个交流和学习的平台，促进国内评估机构的专业发展。

（5）发起研究项目和合作项目。积极发起评估研究项目和合作项目，与其他评估机构、学校、政府部门等共同开展研究和评估工作，增加评估机构之间的合作机会，拓展评估的领域和深度。

（6）加强宣传与推广。通过建立官方网站、发表研究报告、发布新闻稿等方式，积极宣传评估机构的工作成果和影响力。加强对外交流的宣传与推广，提高评估机构的知名度和认可度。

（二）国外交流方面

（1）参加国际会议和论坛。积极参加国际教育评估领域的会议和论坛，向国际同行展示评估机构的工作成果和专业实力。通过与国际同行的交流，了解国际最新的评估理论和实践，促进教育评估的国际化。

（2）加入国际评估组织和网络。评估机构可以考虑加入国际评估组织和网络，例如国际教育评估机构协会、国际教育评估学会等。与国际同行建立联系，首先，可以获得最新的评估理论和实践知识，了解全球范围内的评估趋势和发展动态。其次，与其他评估机构建立联系，参与国内和国际的合作项目，可以扩展合作伙伴网络。此外，参与行业标准的制定和政策的讨论，会对评估工作的发展和政策制定产生积极影响。

（3）开展国际合作项目。积极寻求与国外评估机构或国际组织的合作机会，共同开展国际合作项目和研究。通过跨国合作，拓宽评估的视野和方法，共同探讨解决教育问题的策略和方案。

评估机构通过以上措施，不断推动国内和国际评估领域的交流与合作，提高评估工作的质量和影响力，促进教育改革和提升教育质量，共同进步。

第三节　公开公正，构建第三方评估的监督机制

第三方教育评估机构的价值定位在于能为教育体系提供公正、客观和权威的评估，但在具体实施评估过程中，可能会存在多种影响公信力的风险，包括信息误报、流程不规范、技术失误等。因此，构建科学合理的第三方评估的监督机制是确保评估工作的质量、公正性和合规性的重要机制，也是评估机构得以保证其权威性和可靠性的基础。目前，评估机构的监督机制主要包括内部监督机制和外部监督机制，两者作用的焦点和执行方式不同，应相互配合，共同确保评估的质量和机构的公信力。

一、加强第三方教育评估的内部监督

评估机构的内部监督关注的是机构内部的政策、程序、流程和行为，确保评估活动按照机构既定的标准和质量要求进行，同时，内部监督也包含评估机构的自我修正和持续改进，从而使机构能够适应外部环境的变化，并对外部压力产生抵御力。加强内部监督主要包含以下几个方面。

（一）制定明确的内部政策和程序

一是制定评估制度和流程。评估机构要制定详细的工作指导、评估标准和流程以及管理规程，并对所有相关人员开展适当的培训，以确保所有的评估活动有章可循并基于预先制定的、公开透明的政策和程序开展。二是建立内部自我审查制度。评估机构应设置机制来监测评估活动的实施情况，如定期的审查会议、内部审计和工作人员的反馈等。通过内部审查，以发现和纠正评估工作中存在的问题和不足之处，能够提高评估工作的效率和质量，减少错误和失误。三是组建专业团队和专家委员会，负责评估工作的监督和指导。如对评估专家的评估规范性、评估报告的撰写规范性、评估结果等方面进行审核等。基于以上的内部反馈，机构可以对评估制度和流程进行必要的调整，以适应新的环境或满足更高的质量标准。

（二）加强行业自律管理和自我约束

加强行业自律管理和自我约束已成为许多国家的常见做法，并得到国际

组织如国际高等教育质量保障组织（INQAAHE）和亚太地区教育质量保障组织（APQN）的认可。在当今的快速发展环境中，评估机构在为教育体系和其他领域提供关键信息和建议的同时还需要加强行业自律管理与自我约束。一是需要明确职业的守则和道德规范。评估工作是建立在信任和公正之上的，以确保评估工作人员在收集、分析和报告数据时始终保持公正和客观，不受任何外部压力或内部利益的影响，在处理和分析敏感信息时防止潜在的数据泄露或滥用，也为追究违法评估规范的行为提供基础。因此，制定、传播、培训和坚守守则与道德规范是每个评估机构的核心任务。二是共同提高行业的标准和质量。评估机构通过建立或参与行业协会共同制定和推进行业标准、守则和最佳实践，以加强自律和自我监督。这种行业内部的合作与约束机制能够提升评估机构的专业水平和声誉，确保评估工作的质量和效果。

（三）强化风险的识别与控制

风险管理是一种系统化的方法，用来识别、评估、优先考虑和控制那些可能对项目或活动产生负面影响的风险，从而达到最小化潜在损失和最大化机会的目的。风险管理在评估活动中占据核心地位，任何评估活动的开始都应进行风险识别，以确定可能威胁评估结果的潜在因素如数据泄漏、设备故障、数据收集的障碍等。识别出风险后，评估机构需评估每个风险的可能性和影响程度制定策略来管理这些风险。通过有效地识别、评估和控制风险，评估机构可以确保其结果的准确性和可靠性，同时保护其声誉和公信力。

二、完善第三方教育评估的外部监督

教育评估机构的外部监督机制是通过外部机构、利益相关方和社会舆论对评估机构的评估工作进行监督和监控的方式，是确保评估的独立性、客观性和可信度而采取的措施和机制，重点体现在以下方面。

（一）接受政府的监管和机构审查

政府作为公众利益的代表和守护者，承担起监督教育评估机构的主要职责。教育评估机构接受政府的监管和机构审查，对规范教育评估行业的发展、提高教育评估的质量、提高教育评估行业的整体水平具有重要意义。一般来说，监管机构有政府设立的独立机构或者专门的教育质量保障机构或其他利益相关方。这种监督主要体现在三个方面：一是政府通过制定法律、政策和监管规定，对评估机构的运作和评估结果进行外部监督和审核。二是评估机构除了主动接受政府部门组织的年检以及社会监督，更要随时接受被评学校的监督。如英国的慈善法要求所有的公益组织（包括教育评估组织）在运作上要高度透明和公开，由慈善委员会监督非营利组织运作上的透明与公开程度，并随时接受任何公民的举报。三是政府完善机构的审查制度，加强对评估机构的资质审核，对出现的问题予以指导或责令整改。

（二）接受行业协会和专业团体的监督

行业协会和专业组织在教育评估机构的外部监督中扮演着重要的角色，起到了桥梁与纽带的作用。它们不仅为评估活动提供技术和方法上的支持，而且通过一系列的机制确保评估的质量。主要体现在：第一，评估行业协会和专业组织对评估机构的评估活动进行监督和管理，定期对评估机构的活动进行审核，确保遵守法律法规和行业规范。第二，评估行业协会、专业团体制定和维护评估的行业标准和准则，以确保评估活动的一致性与质量，这些标准通常包括评估的背景、范围、方法、技术、报告格式等，并反映行业发展与典型的实践案例。第三，维护行业公信力。行协协会和专业团体有责任维护评估行业的公信力，有组织地对外进行宣传、解释和推广评估机构的形象和活动，以及最新的评估研究成果，确保公众、学校和其他利益相关者对评估活动持有信心。

（三）推行信息公开和社会监督

评估机构应设立公众参与和意见反馈机制，让利益相关方参与评估过程并提供意见和反馈。一是在评估公开制度上，通过网站、公众号等形式向社会公众定期公布信息。二是通过日常接访、网上留言、征求意见、接受投诉等方式落实反馈，为社会大众提供意见表达的平台。三是建立申诉机制，给予被评估学校以质疑、申诉的权利。若评估学校对评估结果不满，可以向评估机构进行申诉，在申诉理由合理、证据材料充分的情况下，评估机构必须受理申诉，并通过广泛征求专家意见及再次实地考察的方式，对原评估结果进行全面审查并做出适当调整。[①] 公众参与和意见反馈可以增强评估的透明度和参与性，确保评估机构的决策和行动得到广泛的认可和支持。

① 耿宗程．王和平．比较视野下我国高等教育第三方评估的公信力困境及其超越［J］．高教探索，2022（1）：22-28.

第六章

第三方教育评估方法技术

教育评估方法技术是达到评价目的、实现评价目标的手段。就好比过河时，如果没有桥或船，就无法到达对岸。而教育评价方法技术，正是我们在这条道路上，为实现评价目标、达到评价目的所需要的那座桥和那艘船。[①] 教育评估方法和技术的更新、升级是推动教育评估规范化、专业化发展的关键要素，教育评估方法和技术的科学、规范程度直接影响到评估结果的科学性和有效性。本章分析教育评估方法与技术的内涵，探讨教育评估方法和技术的分类及实施策略。

第一节　第三方教育评估方法技术的基本问题

一、第三方教育评估方法、技术的内涵

方法、技术和第三方教育评估方法技术在概念上有所区别，这三者在教育评估中相互关联，共同为提高教育质量和促进教育改革提供依据和支持。

① 程书肖．教育评价方法技术［M］．北京：北京师范大学出版社，2007.

方法指的是为了达成某一目标或解决某一问题而采取的途径、步骤或程序。在教育评估领域中，方法通常指的是收集、分析和解释数据的一系列程序，以评估教育过程和结果的质量。教育评估方法分为定性评估方法和定量评估方法，分别关注教育现象的非数值信息和数值信息。

技术是实现方法的具体操作手段，包括各种工具、设备和技巧。在教育评估中，技术主要指用于数据收集、处理、分析和呈现的技巧和工具，如调查问卷设计、数据清洗、统计分析软件等。技术的运用提高教育评估的效率、准确性和可靠性。

总体来说，方法是为了实现评估目标而采取的一系列程序，技术是实现方法的具体操作手段，第三方教育评估方法技术是由评估机构对教育活动或教育活动各组成部分进行价值判断时所采用的方法技术，具体包括特定的程序、标准、工具、操作方法等。教育评估机构选用不同的教育评估方法技术既要服务于教育评估的目标达成，又要兼顾评估客体的实际特点，同时还要符合正确的价值判断和教育发展方向。第三方教育评估方法可能包括定性评估方法和定量评估方法，以及相应的技术手段，如观察法、访谈法、案例分析、统计分析等。

二、第三方教育评估方法技术的价值

方法技术是处理问题的手段，特定的方法技术用于解决特定的问题。一种方法技术在解决问题方面所发挥的作用，就是其自身价值的反映，这一价值一定程度上是独立存在的。[①] 方法技术作为解决问题的手段，如何选择、运用及其价值的实现，取决于评估主体的认识水平、主观预期和环境条件。第三方教育评估方法技术在教育领域具有重要的价值，厘清各类评估方法技术的特征和差异，以提升其方法技术在实施教育评估过程中的科学性，其价值具体体现在以下几个方面。

1. 提高评估的客观性和公正性

第三方教育评估机构独立于教育机构和受教育者，因此评估过程相对较为客观和公正。教育评估是评估工作人员根据评估方案及规定的评估流程开展的评估活动。因此，采用第三方教育评估方法技术避免因评估者的主观因

① 富勤华．高等教育评估方法技术研究［D］．上海：华东师范大学，2010：6.

素、利益冲突等导致评估结果失真的问题。

2. 提高评估的准确性和可靠性

第三方教育评估机构通常拥有专业的评估团队和丰富的评估经验。运用科学的评估方法和先进的技术手段可以提高评估结果的准确性和可靠性，为政府、学校和其他教育利益相关者提供重要的信息和参考。基于这些评估结果，决策者可以更加明智地制定教育政策、规划教育资源和推动教育改革。

3. 促进教育质量的提升

通过第三方教育评估方法技术的运用，更加全面、深入地了解教育现象，发现教育过程和结果中存在的问题和不足。这有助于推动教育提供者改进教育教学、管理等方面的工作，进而提高教育质量。

综上所述，第三方教育评估方法技术的价值主要体现在客观公正的评估、准确可靠的结果、提升教育质量、为教育决策和改革提供依据等方面。这些价值有助于促进教育领域的持续改进，推动教育事业的健康发展。

三、第三方教育评估方法技术的性质与功能

第三方教育评估方法技术的性质与功能在于为教育领域提供专业、客观和公正的评估服务，旨在改进和提高教育质量，其性质与功能有以下几方面。

1. 第三方教育评估方法技术的性质

（1）客观性。第三方教育评估方法技术的客观性是其最重要的性质之一。在评估过程中，采用科学的方法和工具，依据实证数据进行分析和判断，从而避免了主观性和个人偏见的影响。客观性确保评估结果的可信度和可接受性。通过客观的评估过程，各利益相关方能够相对客观地了解教育项目、计划或政策的质量和效果，进而能更准确地做出决策和制定改进措施。

（2）可量化性。第三方教育评估方法技术倾向于使用量化的数据和指标进行评估，通过收集和分析数量化的数据，量化教育质量、学生绩效和教学效果等方面的指标。这种可量化性使评估结果更具可比性和可分析性，有助于提供清晰的数据支持，为决策者提供有针对性的改进建议。

（3）实证性。第三方教育评估方法技术强调以实证为基础的评估。评估过程中使用科学的研究方法，收集和分析可靠的数据，并进行解释和解

读。实证性使评估结果有助于消除主观偏见和非科学因素的影响，从而得出客观的结论和建议，为教育决策和改进提供可靠的依据。

（4）长期性。第三方教育评估方法技术通常是一个长期的过程，涉及多个评估周期和阶段。它不仅仅关注单次评估的结果，而是追踪和监测教育改革和发展的进展，并评估结果的长期影响。长期性的评估能够观察和评估教育的变化和趋势，发现问题和改进的方向，并为长期的教育发展和改进提供持续的支持和指导。

2. 第三方教育评估方法技术的功能

（1）诊断功能。通过运用第三方教育评估方法技术对教育组织做出评估，通过收集到的数据和信息，发现教育过程和结果中存在的问题和不足，这种诊断功能能帮助教育机构和决策者确定改进的方向和重点，为制定有效的改进措施提供依据。

（2）激励功能。通过运用第三方教育评估方法技术，激发教育机构和教育者的内在动力，促使他们不断改进教学方法和管理水平，以提高教育质量和效果。

（3）监督功能。通过运用第三方教育评估方法技术，为教育改革和发展提供科学、有效的指导，增强教育行政部门对教育组织的宏观管理、监督和政策指向的科学性。科学的评估方法技术具有科学、客观的尺度，能为政府决策提供可靠依据，加快政府监督决策的民主化、科学化进程。①

第二节　第三方教育评估方法技术的分类

分类是一种将事物或数据分组的方法，以便更好地理解和组织。任何教育评估活动都必须应用教育评估方法技术才能实际完成，从教育评估实践的情况来看，不同的教育评估方法技术具有不同的特征，教育评估方法的分类可依据不同的标准来进行，不同的分类标准代表了教育评估主体观察、分析问题的维度或方法的差异。根据分类的标准将教育评估方法技术分成不同的

① 富勤华．高等教育评估方法技术研究［D］．上海：华东师范大学，2010：8.

类型。①

一、按照评估主体分类

按照评估者的身份将评估分为内部评估方法和外部评估方法两种，也称为自我评估方法和他人评估方法。内部评估是由教育机构自身组织实施，关注教育过程与结果的自我评价和改进，其优点是易于操作、反应敏捷，具有实用性。外部评估则由第三方机构进行，侧重于客观、公正地评估教育质量，其优点是具有较高的客观性、公正性和权威性，其局限性是评估结果可能受到主观因素的影响，评估过程缺乏客观等。

1. 内部评估

内部评估的主要目的是发现问题、分析原因、提出改进措施，以提升教育质量。内部评估的内容主要包括以下几种。

（1）课程评估。如教育机构对课程设置、教学内容、教学方法和教学效果等方面进行自我评价，以提高课程质量。

（2）教师评估。如教育机构对教师的教学能力、教学水平和教学态度等方面进行评价，激励教师提升教育水平。

（3）学生评估。如教育机构对学生的学业成绩、综合素质和学习态度等方面进行评价，引导学生发挥潜能，提高学业水平。

（4）管理评估。如教育机构对内部管理体系、管理制度和管理效果等方面进行自我评价，以优化管理水平。

（5）资源评估。如教育机构对硬件设施、教育资源和服务质量等方面进行自我评价，为教育质量提供有力保障。

同时，内部评估也存在一定的局限性，如评估结果可能受到主观因素的影响，评估过程缺乏客观性等。

2. 外部评估

外部评估是指由独立于被评估教育机构的第三方组织，如政府主导下的评估机构、行业协会或商业评估组织等，对教育机构的教育质量和成果进行全面、客观的评价。外部评估的内容主要包括以下几种。

（1）政策评估。如第三方评估机构对教育政策的设计、实施和效果进

① 陈滔宏．教育评估方法技术初探［J］．上海教育评估研究，2020（2）：17-21.

行全面分析，为政策改进和完善提供参考。

（2）学校评估。如第三方评估机构对学校的办学理念、教学质量、管理水平和师生发展等方面进行综合评价。

（3）专业评估。如第三方评估机构对教育机构的专业设置、课程体系和培养成果进行全面分析和评价。

（4）教师资格评估。如第三方评估机构对教师的专业能力、教育素养和教学实践等方面进行评价，确保教师队伍质量。

（5）学生学业成绩评估。如第三方评估机构对学生的学业成绩、综合素质和学习进步等方面进行评价，为学校提供改进教学的依据。

（6）研究与创新评估。如第三方评估机构对教育机构的科研成果、创新能力和社会影响力等方面进行评价。

此外，基于评估主体的教育评估方法还可以根据教育的构成要素的存在形态特征以人为对象的评估方法技术，如监测、课堂表现、学生评教等；以机构或系统为对象的评估方法如院校办学水平评估、专业认证等。这些评估方法各具特点和优缺点，内部评估侧重于教育机构的自我发现、自我改进，具有较强的实用性；而外部评估则关注客观、公正地评价教育质量，具有较高的权威性。因此，教育机构在进行教育评估时，应结合实际情况，灵活运用内部评估和外部评估，以实现教育质量的全面提升。同时，教育评估机构也应不断完善评估方法和技术，以更好地服务于教育事业的发展。

二、按照评估过程分类

基于评估过程的评估方法主要包括事前评估、事中评估和事后评估。这三种评估方法分别关注教育活动的前期准备、过程管理和成果评价，从不同角度对教育质量进行全面监控。其优点是有利于预防问题、提高教育质量，有助于优化资源配置、提升教育效率；局限性是评估结果受到预测不确定性的影响、评估过程较为烦琐等。以下是对这三种评估方法的详细分析。

1. 事前评估

事前评估是指在教育活动开始之前，对教育项目、课程设计、教学计划等方面进行全面分析，以确保教育活动的顺利实施。事前评估的主要目的是预防问题、提高教育质量。事前评估的方法包括以下几种。

（1）需求评估。如通过调查研究，了解教育对象的需求，为教育项目、课程设计和教学计划提供依据。

（2）目标评估。如明确教育活动的目标，确保目标符合教育政策和教育实际，有利于教育质量的提升。

（3）资源评估。如评估教育机构的硬件设施、教育资源和教师队伍等方面，为教育活动提供有力保障。

（4）风险评估。如分析教育活动可能面临的风险和挑战，提前制定应对措施，确保教育活动的顺利进行。

2. 事中评估

事中评估是指在教育活动进行过程中，对教学过程、教学方法和教学效果等方面进行实时监控和评价，以调整教育策略、提高教育质量。事中评估的主要目的是发现问题、指导实践。其优点是有助于及时发现和解决问题、指导实践，提高教学质量、促进学生发展；局限性是评估过程可能受到实施者主观因素的影响、评估成本较高等。事中评估的方法包括以下几种。

（1）过程评估。如对教学过程中的教师教学、学生学习等环节进行评价，及时发现问题，调整教学策略。

（2）教学方法评估。如对教学方法的有效性、适用性和创新性进行评价，引导教师优化教学方法。

（3）互动评估。如通过观察和记录教师与学生、学生与学生之间的互动情况，评价互动质量，促进教学过程的顺利进行。

（4）反馈评估。如收集学生对教学内容、教学方法和教学效果的反馈意见，为教学改进提供参考。

（5）教学监测。通过定期检查、课堂观察和教学记录等方式，对教学过程进行全面监控，确保教学质量。

3. 事后评估

事后评估是指在教育活动结束后，对教育成果、教学效果和教育质量等方面进行全面总结和评价，为教育改进和发展提供依据。事后评估的主要目的是总结经验、提炼规律。其优点是有助于总结经验、提炼规律，提升教育质量、推动教育改革；局限性是评估结果可能受到时间滞后性的影响等。事后评估的方法包括以下几种。

（1）成果评估。如对教育活动的学术成果、社会影响和培养效果等方面进行全面分析，评价教育质量。

（2）效果评估。如对教育活动的教学效果、学生满意度和教师满意度等方面进行评价，为教育改进提供参考。

（3）经验总结。如总结教育活动的成功经验和存在问题，提炼教育规律，为教育发展提供指导。

基于评估过程的评估方法，包括事前评估、事中评估和事后评估，各具特点和优缺点（见表 6–1）。

事前评估关注教育活动的前期准备，需要涉及多个方面，包括预算、人员、资源、技术等，需要全面系统地考虑各种因素，有利于对未来潜在风险和机会进行预测，规避潜在问题，关注教育活动计划阶段的优化，最大限度地降低风险发生的可能性和影响，为教育活动提供良好的起点。

事中评估关注教育活动的过程管理，及时发现问题、纠正偏差，让项目始终朝着正确的方向前进，并最终取得预期成果。事后评估关注教育活动的成果总结，侧重于对评估事件完成的预期目标、产生的效果进行现实测量，如政策执行后的绩效目标实现情况、政策执行对象的满意程度测量和政策执行绩效差距的原因分析等，有利于提炼规律。通过对比事前、事中和事后评估的特点、方法和作用，我们可以看出它们在教育评估中各自发挥着重要作用，相互补充和完善，共同构建一个全面的教育评估体系。

在实际应用中，教育评估应根据不同的教育阶段、目标和背景进行灵活选择和组合。事前、事中和事后评估相互关联，共同为教育活动提供有力的支持。

表 6–1 基于评估过程的方法比较

类型	事前评估	事中评估	事后评估
时机	教育活动开始前	教育活动进行中	教育活动结束后
目的	预防问题、优化计划	指导实践、提高教学质量	总结经验、提炼规律
特点	预测性、规划性	实时性、动态性	时效性、全面性、综合性、反馈性
方法	需求分析、目标设定、计划评估	过程监控、互动评估、反馈评估、教学监测	成果评估、效果评估、经验总结
作用	为教育活动提供合理的计划、策略和资源	发现问题、调整教学策略、促进学生发展	为教育改进、提升教育质量、推动教育改革提供依据

三、按照评估方法的技术特征分类

在教育评估实践中，定量评估和定性评估被评估主体广泛采用，其他各种分类标准下的评估方法技术也都在不同程度上融入这两类评估方法。

（一）定性评估方法

定性评估方法是一种研究教育现象的内在性质、特点和规律的评估方法。它主要关注教育活动中的非数值信息，通过收集、分析和解释这些信息来评价教育过程和结果。定性评估方法强调对教育现象的深入理解和解释，以揭示其内在的复杂性、多样性和动态性。同时，评估者需要具备一定的沟通、观察和分析能力，以确保评估结果的有效性和实用性。

1. 主要特点

定性评估的主要特点是评估对象不是单纯的数据，需要由同行专家来研判结果。具有以下特点。

（1）主观性。定性评估方法强调研究者对评估对象的主观感知和理解，认为评估过程中的人际互动和情境因素对评估结果具有重要影响。

（2）灵活性。根据研究目的和现场情况调整评估策略、方法和技术。

（3）深入性。对于教育微观现象进行比较深入的描述和分析，对小样本案例进行个案调查，以开放的方式收集材料，了解评估对象的观点看法，评估比较深入，便于了解教育活动的复杂性。

2. 评估方法

（1）观察法。通过对教育现场的直接观察，了解教育活动的实际情况。观察分为参与性观察和非参与性观察。参与性观察是指评估者直接参与到教育活动中，与评估对象互动；非参与性观察是指评估者以旁观者的角度对教育现场进行观察。

（2）访谈法。通过与评估对象进行面对面或电话访谈，收集关于教育过程和结果的信息。访谈分为结构化访谈、半结构化访谈和非结构化访谈。结构化访谈是指按照预先设计的问题清单进行访谈；半结构化访谈是指在一定结构框架下进行灵活的访谈；非结构化访谈是指完全根据访谈过程中的情境和话题展开访谈。

（3）焦点小组讨论。通过组织一定数量的评估对象进行有针对性的讨论的方法，以获取关于教育问题的深入理解。评估者通常担任讨论的引导者和记录者，引导参与者围绕特定主题或问题展开讨论。焦点小组讨论能够收集到多元化的观点和看法，有助于揭示教育现象的多样性和复杂性。

（4）案例分析。通过对典型案例的研究，揭示教育现象的特点和规律。评估者选择具有代表性的个案进行深入研究，运用观察、访谈、文献分析等方法收集详细的信息，并对信息进行整理、分析和解释。案例分析能够展现教育现象的真实情境，有助于提炼教育实践的经验和教训。

（5）文献分析。通过对相关文献、报告、政策文件等文字资料进行系统阅读和分析，以获取对教育现象的理论和实证支持。评估者通过对文献的梳理和归纳，挖掘出教育现象的背景、原因、影响和发展趋势等关键信息。文献分析有助于拓宽评估者的视野，提高评估的理论深度和广度。

（6）田野调查。通过评估者深入实际教育环境进行实地考察的方法，全面了解教育现象的现状和问题。田野调查通常涉及对教育环境、设施、人员和活动的直接观察和记录，以及与评估对象的互动和沟通。田野调查能够提供丰富的第一手资料，有助于增强评估的真实性和可信度。

3. 定性评估方法的优点与不足

定性评估方法在教育评估中的应用有很多优点，如能够揭示教育现象的内在复杂性和多样性，提供丰富的描述性信息，展现教育过程的动态变化等。然而，定性评估方法也存在一定的局限性，如容易受评估者主观因素影响，难以实现大规模的评估和比较，以及数据分析和解释过程可能较为复杂等。因此，评估者在实际操作中，可适当结合定量评估方法，以提高评估的全面性、准确性和可操作性。

（二）定量评估方法

定量评估方法主要侧重于对教育活动中的数值信息进行收集、分析和解释，利用方法技术把复杂现象简化为指标或相关标准数据，用数值比较来进行判断分析。通常涉及统计、计量和数据建模。

1. 主要特点

（1）客观性。通过数值化的方式描述教育现象，用客观数据产生评估结果，降低主观因素的影响。

（2）可量化。能够通过数据和数值表达教育现象，便于进行比较和分析。

（3）可重复性。研究过程和结果具有较高的可重复性。

（4）运用数理工具，应对大规模评估课题，分辨率高，评估结果更为精准。

（5）得出具体的数值或比例，使得评估结果更加直观和明确。

2. 主要内容

（1）数据收集。通过设计结构化或半结构化的问卷，收集评估对象的意见和建议，进行定量分析。收集与评估目标和指标相关的数据，如学生成绩、教师授课质量、学校设施等。这一阶段需要确保数据来源的可靠性和数据的代表性。

（2）数据整理。对收集到的数据进行整理和清洗，以确保数据的准确性和完整性。整理过程中需要对数据进行分类、归纳和处理，消除异常值和错误数据。

（3）数据分析。采用统计分析方法，如描述性统计、相关性分析、回归分析等，对数据进行深入分析，挖掘其中的规律和趋势。数据分析过程中需要选择合适的统计方法和技术，以确保分析结果的有效性。

（4）结果呈现。将分析结果以图表、报告等形式呈现，便于教育决策者和相关人员理解和应用。在结果呈现阶段，应尽量使用直观、易于理解的图表和文字描述，以便于传达评估信息。

（5）结果应用。将评估结果应用于教育改革和决策，以推动教育质量的提升和发展。这一阶段需要关注评估结果的实际应用价值，提出具有针对性的改进措施和建议。

在实际应用定量评估方法时，应注意将其与定性评估方法相结合，以获得更全面、准确的评估结果。同时，定量评估方法的适用性可能因评估目标、评估对象和评估环境的不同而有所差异，因此需要根据具体情况选择合适的定量评估方法。

3. 定量评估方法的优点与不足

定量评估是利用方法技术把复杂现象简化为指标或相关标准数据，用数值比较来进行判断分析。定量评估的主要优势如下：一是客观性强。根据客观数据和数理工具产生评估结果，具有较高的可比性和普适性，易于理解和沟通。二是稳定性好。基于统一的数据，对照统一的标准，运用统一的数理工具，产生稳定的评估结果。三是精确性高。运用数理工具，应对大规模评估客体，分辨率高，评估结果更为精准。

需要注意的是，虽然定量评估方法具有诸多优点，但仅依赖定量评估方法可能会忽略教育现象背后的深层次原因和内在联系，定量评估的主要不足表现在以下两点：一是局限性。只能对评估客体的一些比较表层的、量化的部分进行测量，且对于评估客体的数量规模有一定要求，以确保样本能全面、准确地代表总体。二是片面性。评估的结果只能代表抽样客体中的平均情况，不能兼顾特殊情况。评估的时间往往是一个或几个凝固的点，无法追踪客体发展的全过程。①

（三）综合评估方法

综合评估方法是将定性评估方法和定量评估方法相结合，利用不同评估方法在处理指标构建、指标赋权或评估信息上的不同特点和优势②，对教育现象进行全面、深入的评估，以提高评估的质量。

1. 主要特点

（1）综合性。综合评估方法将多种因素进行综合考虑，能够更全面、客观地评价一个事物的优劣和价值。这些因素包括量化指标、质量标准、经验判断、专家意见等多种因素。通过对这些因素进行综合考虑和比较，得出更全面、客观的评估结果。

（2）主观性。由于综合评估方法中包含了经验判断、专家意见等主观因素，所以结果会受到评估者个人主观意识的影响。评估者的不同背景、知识水平和经验等都可能对评估结果产生影响。因此，在进行综合评估时需要避免主观性的影响，尽可能保证评估的客观性。

（3）灵活性。综合评估方法不仅根据具体情况灵活选择不同的评估指标和方法，还在评估过程中随时调整。例如，在评估企业的绩效时，评估指标根据企业的特点和目标进行灵活选择和调整。评估过程中也可根据实际情况进行调整和修改，以保证评估结果的准确性和可靠性。

（4）高效性。综合评估方法在较短时间内完成对事物的评估，节省了时间和成本，并且评估结果更为全面和客观。

① 陈滔宏．教育评估方法技术初探［J］．上海教育评估研究，2020（2）：17-21.

② 叶学平．全面深化改革第三方评估理论与实践［M］．北京：中国财经出版传媒集团，2019：55.

（5）客观性与主观性相结合。综合评估方法既考虑了定量评估方法的客观性和可量化特点，又注重定性评估方法对教育现象背后内在联系和深层次原因的把握，实现了客观性与主观性的有机结合。

2. 主要内容

（1）确定评估目标与指标。评估机构要明确评估的目的、范围和要求，建立评估指标体系，确保评估内容的全面性和可操作性。

（2）选择评估方法。评估机构根据评估目标和指标，灵活选择适用的定性评估方法（如观察法、访谈法、案例分析法等）和定量评估方法（如问卷调查法、统计分析法、数学建模法等），并确定各方法在综合评估中的权重。

（3）数据收集与处理。评估机构采用多种数据收集方法，如文献调研、问卷调查、访谈等，获取丰富的评估信息；对收集到的数据进行整理、归纳和处理，确保数据的准确性和可靠性。

（4）数据分析与综合。评估机构根据所选定性和定量评估方法，分别对收集到的数据进行分析，挖掘其中的规律和趋势；然后按照预设权重综合对各方法的分析结果，得出综合评估结果。

（5）结果呈现与应用。评估机构将综合评估结果以报告、图表等形式呈现，便于教育决策者和相关人员理解和应用。同时，将评估结果应用于教育改进、教学优化、教育政策制定等方面，以实现教育质量的提升和教育目标的有效实现。

（6）反馈与改进。评估机构在评估过程中，积极收集各方面的反馈意见，针对存在的问题和不足进行改进，不断优化评估方法和过程，提高评估的有效性和科学性。

3. 综合评估方法的优点与不足

综合评估方法充分考虑了教育现象的复杂性和多样性，将定性评估和定量评估方法有机结合，以实现对教育现象的全面、准确和深入评价。在实际应用中，需要根据评估目的和对象的特点，灵活运用各种评估方法，不断优化评估过程，以提高教育评估的科学性和实用性。但同时，也存在着一定的局限性，如以下几方面。

（1）操作复杂性。综合评估方法需要同时考虑定性和定量评估方法，涉及多种数据收集和处理手段，可能导致操作过程较为复杂，需要较高的专业素养和技能。

（2）成本问题。由于综合评估方法需要收集和分析多种数据，评估过程往往需要投入大量的时间和资源，可能导致评估效率较低。

（3）权重设定难度。在综合评估过程中，不同的指标往往具有不同的重要性，如何合理设定各评估方法和指标的权重是一个关键问题，会对评估结果产生较大的影响。然而，在实际操作中，权重设定往往受到主观因素的影响，难以做到完全客观和科学。

（4）结果解释的主观性。虽然综合评估方法旨在实现客观性和主观性的有机结合，但在对评估结果进行解释和应用时，仍然可能受到主观因素的影响，导致评估结果的可靠性和准确性受到质疑。

（5）数据融合难度。由于综合评估方法涉及定性和定量数据的融合，如何将这些不同类型的数据进行有效整合是一个具有挑战性的问题，可能导致评估结果的可比性和一致性受到影响。

4. 三种评估方法比较

定性评估方法、定量评估方法和综合评估方法各自具有独特的概念、特点、优缺点和应用实例。定性评估方法关注对教育现象的描述和理解，定量评估方法则强调对教育现象的数值分析。综合评估方法旨在整合这两种方法的优点，对教育现象进行全面、深入的评估。

在实际教育评估中，应根据评估目标、背景和资源等因素灵活选用和组合这三种评估方法，以实现更有效、全面和准确的教育评估（见表 6–2）。

表 6–2　定性评估、定量评估和综合评估方法的对比

方法	概念	特点	优点	缺点	举例
定性评估方法	对教育活动中的非数值信息进行分析和描述	描述性、灵活性、深度	深入了解教育现象，挖掘潜在问题和需求	受主观因素影响较大，难以量化，结论的普适性和可比性较低	访谈、观察、案例研究、焦点小组讨论等
定量评估方法	对教育活动中的数值信息进行收集、分析和解释	客观性、可量化、可重复性	客观性强，具有较高的可比性和普适性，易于理解和沟通	难以揭示教育现象背后的复杂因素和内在联系，可能忽略某些重要的定性信息	问卷调查、成绩分析、统计分析、数据挖掘等

续上表

方法	概念	特点	优点	缺点	举例
综合评估方法	将定性评估方法和定量评估方法相结合，对教育现象进行全面、深入的评估	全面性、综合性、平衡性	全面分析教育现象，有效整合定性和定量信息，提高评估的准确性和可靠性	评估过程相对复杂，需要在定性和定量方法之间进行权衡和整合	多层次评价模型、教育质量评价指标体系、混合研究方法等

第三节　第三方教育评估方法技术使用中的问题

一、教育评估方法技术在使用中存在的问题

在教育评估实践中评估工作人员如果因为教育方法技术使用失当，往往会造成评估质量降低或者直接导致评估的目标无法达成。在评估过程中，较常出现的问题有以下几种。

1. 在选择和操作上容易缺乏全方位的思考

评估方法技术的选择和操作需要进行系统思考，这意味着需要考虑多方面的因素，包括评估目的、被评估对象、可行性以及数据收集和分析等方面。如果在选择和操作评估方法技术时缺乏全方位的思考，可能会导致以下问题。

（1）评估目的不明确。没有清楚地定义评估的目的和需要收集的信息，导致评估结果无法有效地支持决策和改进。

（2）数据质量低下。选择的评估方法技术可能不能够准确地收集和分析所需的数据，从而影响评估结果的可信度。

（3）评估结果不能被充分利用。如未被转化为具体的改进计划或未被共享给与之相关的人员和部门。

由于评估方法技术的目标达成是分阶段实现的过程，不是一蹴而就的。

因此，在选择和操作评估方法技术时，需要进行系统思考，从而确保评估目的明确、数据质量高、时间和资源得到最优化利用。

2. 过分依赖定量评估方法

定量评估方法具有操作简便、客观性强、结果易于比较等优点。然而，过分依赖定量评估方法可能导致教育评估过程过于简化，忽视教育过程和教育现象的复杂性，忽略了教育现象背后的深层次原因和内在联系，导致评估结果失真。例如，过分关注考试成绩、统计数据等定量指标，可能导致评估过程中忽略学生的个体差异、教师教育教学方法的创新等方面的表现。

3. 忽视定性评估方法

定性评估方法能够揭示教育现象背后的内在联系和深层次原因，有助于更全面、深入地了解教育问题。然而，在实际应用中，定性评估方法往往被忽视，导致评估结果缺乏深度和针对性。例如，在教育质量评估中，如果忽视教师教学风格、学生学习动机等定性因素，可能无法准确把握教育问题的本质。

4. 评估方法单一化

有时候，教育评估过程中会采用单一的评估方法，忽略了其他可能更适合的方法。这可能导致评估结果的片面性和不准确性。

5. 评估方法技术操作实施欠规范

在评估过程中，评估工作人员可能一些操作不符合相应的规范和标准，这可能会导致评估结果的不准确或不可靠，并且可能影响到评估的有效性和可信度。例如，在进行测量时，如果评估工作人员没有按照正确的程序进行测量，或者没有使用正确的工具和设备来进行测量，那么所得出的结果可能会存在误差，从而影响到评估的结果。同样地，在进行调查时，如果评估工作人员没有按照既定的流程进行调查，或者没有采用正确的方法来收集数据，那么所得出的结论可能会出现偏差，从而影响到整个评估的效果。

二、如何选择合适的教育评估方法技术

在具体选择特定评估方法技术时，要对评估工作人员开展评估的目的、预期方法技术所能实现的实际效果等进行深入思考，这才能确定科学、适切的方法技术。只有正确认识评估的功能价值和评估方法技术的工具价值，确

保两者的一致性，才能使教育评估方法技术发挥预期的作用。一般来说，对一个教育评估客体，不同的教育评估主体可能会采用不同的评估方法技术。这在某种程度上代表了教育评估主体的差异化价值判断，都具有一定的合理性。在选择一种教育评估方法技术时，要考虑如下要素。

1. 明确评估目的

（1）了解评估需求。在选择评估方法之前，评估工作人员首先需要了解评估的需求。这包括明确评估的目的、目标和期望结果，以便为选择合适的评估方法提供指导。例如，评估目的可能是衡量学生的成绩、学生的学习动机和态度、评价教师的教学质量等，不同的评估项目，评估的出发点不一样，因此，要根据评估的目的来分析评估的需求，从而选择合适的评估方法。

（2）确定评估标准。评估工作人员明确评估目的后，需要确定相应的评估标准。评估标准是评估方法的基础，它们是衡量教育质量的具体指标。例如，学生学术成绩的评估标准可能包括考试成绩、作业完成情况、课堂表现等；学生学习动机和态度的评估标准可能包括学习兴趣、学习目标、学习策略等，衡量的标准和方法各不一样。

（3）确定评估方法。不同的评估目标可能需要使用不同的评估方法。例如，如果评估目的是衡量学生的学术成绩，那么定量评估方法可能更为适用；而如果评估目的是了解学生的学习动机和态度，那么定性评估方法可能更为合适。

2. 考虑评估对象和范围

（1）明确评估对象。评估对象是指需要进行评估的具体群体或事物，如学生、教师、课程、学校等。明确评估对象有助于选择适用于特定群体或事物的评估方法。例如，对于学生的评估，可采用学生问卷调查、成绩分析等方法；对于教师的评估，可采用教师访谈、教学观察等方法。

（2）确定评估范围。评估范围是指评估活动涉及的领域、层次和程度。明确评估范围有助于选择适用于特定领域或层次的评估方法。例如，对于单一课程的评估，可以采用课程评估表、教师观察等方法；而对于学校整体教育质量的评估，则需要综合运用多种方法，如学生问卷调查、教师访谈、教育数据分析等。

（3）选择合适的评估方法。根据评估的对象和范围，选择适合的评估方法。例如，对教学质量的评估可能需要使用定性和定量方法的结合，而对学生满意度的评估可能更适合使用定性方法。

3. 考虑资源和时间限制

（1）资源限制。在选择评估方法时，需要考虑实际可用的资源。这包括人力资源、财力资源、技术资源等。例如，如果人力资源有限，可选择相对简单、易于实施的评估方法；反之，如果有足够的人力资源，可尝试采用更为复杂、深入的评估方法。

（2）时间限制。时间限制是指评估活动的可用时间。在选择教育评估方法时，需要充分考虑时间因素，以确保评估活动在有限的时间内能够有效地完成。例如，如果时间紧迫，可以选择快速、简便的评估方法；反之，如果有充裕的时间，可以采用更为深入、系统的评估方法。教育在选择评估方法时，要考虑到实际的时间和资源限制。某些评估方法可能需要较多的时间和人力投入，这在实际操作中可能不太现实。

4. 结合实际情况选择评估方法

（1）考虑教育实践的具体情况。在选择教育评估方法时，需要结合教育实践的具体情况。例如，对于创新性课程或教学方法的评估，可以采用案例研究、教学实验等定性评估方法；而对于成熟课程或教学方法的评估，可以采用考试成绩、问卷调查等定量评估方法。

（2）考虑教育评估方法的适用性和局限性。在选择评估方法时，要考虑到每种教育评估方法都有其适用性和局限性。在选择评估方法时，需要充分了解各种方法的优缺点，以便在特定情况下做出合适的选择。例如，定性评估方法通常适用于深入了解学生学习动机、态度等方面的情况，但可能受到主观因素的影响；定量评估方法适用于衡量学生学术成绩等客观指标，但可能忽略学生的个性差异和学习过程。

（3）评估方法的可行性和可操作性。在选择评估方法时，要确保所选方法在实际操作中具有可行性和可操作性。一般而言，需要考虑评估工作人员的技能和能力，以及评估方法在实际应用中的效果。因此，在选择评估方法时，要确保所选方法能够提供有效、可靠和准确的评估结果。参考以往的研究和经验，选择在类似场景中已经被证明有效的评估方法。

（4）评估方法的适应性和灵活性。在选择评估方法时，要考虑到评估过程中可能出现的变化和不确定性。选择具有一定适应性和灵活性的评估方法，以便在实际操作中进行调整和优化。

5. 采用多元化评估方法

（1）综合运用定性评估和定量评估方法。为了充分挖掘教育现象的多维性，建议综合运用定性评估和定量评估方法进行评估。定性方法揭示教育现象背后的原因和内在联系，而定量方法为评估结果提供数据支持。例如，将定性评估方法（如访谈、观察）与定量评估方法（如问卷调查、成绩分析）结合起来，以获得更全面、深入的评估结果。

（2）采用多层次、多维度的评估方法。为了更全面地了解教育现象，采用多层次、多维度的评估方法。这包括从学生、教师、课程、学校等多个层面进行评估，以及从认知、情感、技能等多个维度进行评估。这样的评估方法有助于深入挖掘教育现象的内在联系和规律，为教育改革和发展提供有力支持。

6. 采用多方法论的评估方法

多方法论是指在评估过程中，运用不同学科的理论和方法来解释和分析教育现象。这种评估方法充分利用不同学科的优势，拓展评估的视野，提高评估的深度和广度。例如，将教育心理学、教育社会学、教育经济学等学科的理论和方法结合起来，以更全面、深入地了解教育现象。

综上所述，评估工作人员在选择合适的教育评估方法时，需要综合考虑评估目的、评估对象和范围、资源和时间限制、实际情况等多种因素。同时，建议采用多元化的评估方法，结合定性评估和定量评估、多层次和多维度、多方法论等方式，以提高教育评估的有效性和实用性。这对于促进教育改革和提高教育质量具有重要意义。

第七章
第三方教育评估的组织实施

教育评估是推动教育发展和提升教育质量的重要手段之一。在开展第三方教育评估的组织过程中，涉及从评估方案的准备到评估报告的撰写，从评估结果的反馈到运用等阶段的实施过程。

第三方教育评估，作为一个系统而复杂的过程，不仅需要严谨地设计，也需要细致认真地执行。本章将详细探讨第三方教育评估的组织实施，涵盖了评估方案的准备、实施、报告撰写，以及评估结果的反馈及运用等关键步骤。从准备评估方案开始，阐述如何设计一个有效的，满足特定需求的评估方案。同时深入探讨如何有效地执行这些方案，并撰写全面、准确的评估报告。最后，讨论如何将评估结果进行反馈，以及如何将这些反馈结果应用于实践，以进一步提高教育质量。

第一节　评估方案的准备

一、评估机构的选择

委托单位在遴选教育评估机构时，需按照公开、公平、公正的原则，向社会公开组织评估的项目、内容、周期、评审流程、资质要求等。通过直接委托、招标等方式，择优选择第三方教育评估机构。在选择合适的教育评估机构时，需要考虑以下因素。

（1）确定评估需求。首先，委托单位需明确自己的评估需求和目标。确定要评估的教育领域、目标群体以及评估的具体内容和范围。

（2）确定评估机构要求。根据评估需求，明确评估机构应具备的专业能力、经验和背景。制定评估机构的准入标准，包括评估工作人员的教育背景、评估经验、资质证书等要求。

（3）发布评估机构招标或邀请函。根据需求和准入标准，向潜在的评估机构发布招标公告或发送邀请函。在公告或邀请函中明确评估的目标、要求、时间表、评估标准等信息，邀请评估机构参与竞标或提交申请。

（4）了解评估机构的背景和经验。对申请的评估机构进行资格审查，通过查阅评估机构的官方网站、报告和相关文献审查评估机构是否符合准入标准，包括评估工作人员的教育背景、专业能力、经验和资质证书等方面。可以要求评估机构提交相关文件和证明材料、进行现场考察或面试。

（5）评估机构的专业能力和专家团队。评估机构的专业能力和评估专家团队是选择的重要考虑因素。

（6）考虑机构与评估对象的匹配程度。评估机构与评估对象之间的匹配程度也是选择的重要因素。考虑机构是否具备了解评估对象所在的教育环境、文化和特点的能力和经验。

（7）评估机构选择。根据评估机构的资质和能力进行评估机构的选择。综合考虑评估机构的专业能力、经验、信誉、成本等因素，选择最合适的评估机构进行合作。

（8）签订合同或协议。与评估机构签订合同或协议，明确双方的权责和工作安排，包括评估的范围、时间、费用、成果交付等事项。

（9）监督和评估合作。在评估工作进行期间，对评估机构的工作进行监督和评估，确保评估工作按照合同和协议的要求进行，并达到预期的目标和质量标准。

综上所述，选择合适的教育评估机构并进行资质准入需要考虑评估需求、评估机构的背景和经验、专业能力和专家团队、成果和口碑以及评估对象的匹配程度等因素。这样的操作有助于保障评估工作的质量和可信度，为教育发展提供有力支持。

二、评估方案的内容

（一）评估的背景和目的

评估目的是评估机构首先要明确的事项，有助于合理设置评估程序和科学制定评估标准。如果评估目标准确，机构就能沿着正确的运行方向运行。反之，不仅达不到评估目的，还会浪费评估资源。教育评估机构的评估目的，需要兼顾不同利益群体的利益，如国家教育战略、评估对象的发展战略、社会公众利益、机构成员自身利益、捐赠者利益等。[①]在介绍评估的背景和目的时，应包含以下五个方面内容。

（1）背景介绍。简要介绍评估的背景和相关信息，包括教育领域的重要性、相关政策背景、教育改革或项目实施的背景等。

（2）评估需求和目的。明确评估的需求和目的，即为什么进行评估以及评估的目标和预期成果。说明评估的目的是为了改进教育质量、优化教育政策、评估项目效果等。

（3）切实问题和研究领域。指出评估的切实问题和研究领域，明确要解决的具体问题和关注的重点领域。这有助于界定评估的范围和深入了解所需的数据和信息。

（4）目标群体和受益者。阐明评估的目标群体和受益者，即将受益于评估结果的利益相关方，如教育机构、政府部门、教育工作者、学生和家长等。

（5）政策和决策支持。说明评估结果将如何为教育政策和决策提供支持，以推动教育改革和提升教育质量，确保评估工作的价值和意义。

在撰写评估背景和目的时，应尽量清晰、简洁地表达，突出评估的重要性、目标和预期成果，使读者能够准确理解评估工作的背景和目的，并为后续评估方案的实施提供有效的指导和参考。

（二）评估对象

评估对象指的是要确定评估的对象范围和具体要评估的内容，包括评估的领域、层级和范围。在评估方案中撰写评估对象时，包含以下内容。

（1）教育机构或项目的描述。对评估对象进行描述，包括所属教育机

① 刘波．民间教育评估机构运行机制研究［D］．重庆：西南大学，2013：149.

构或项目的名称、类型、规模等基本信息。

（2）评估对象的背景。介绍评估对象的背景情况，包括教育机构或项目的历史、发展阶段、教育理念和目标等。

（3）评估对象的特点。描述评估对象的特点，如所在地区、学生群体、教育内容和方法、课程设置等，以便更好地了解评估对象的环境和特色。

（4）评估对象的目标和预期结果。明确评估对象的目标和预期结果，即希望通过评估了解和评估对象相关的指标、表现或效果，以衡量其教育质量或项目成效。

（5）评估对象的重点关注领域。指出在评估过程中将重点关注的领域或方面，如教学质量、学生学习成果、师资队伍、教育管理等，以确保评估的针对性和实效性。

（6）数据收集的对象和方法。明确要收集数据的具体对象，包括教育机构的工作人员、学生、家长等，以及采用的数据收集方法，如：问卷调查、访谈、观察等。

通过以上内容的描述，评估方案能够准确界定评估对象，明确评估的目标和关注领域，并确定数据收集的对象和方法，为后续的评估工作提供清晰的指导和参考。

（三）评估依据

在明确评估目的后，还应明确评估依据。评估依据是开展教育评估活动的原则性规定，如：国家和教育部制定的法律法规中相关教育评估活动的规定，地方政府对学校教育的专业设置、学科结构等建设要求。在评估方案中撰写评估依据时，包含以下内容。

（1）相关政策和法规。列出与评估对象相关的教育政策、法规、规章等，说明评估的依据和合法性。

（2）教育标准和指南。引用适用的教育标准和指南作为评估的参考依据，如：国家教育标准、课程标准、教学指南等。

（3）学术研究和理论框架。引用相关的学术研究成果和理论框架，包括教育评估领域的研究论文、教育评估方法论等，作为评估的理论依据。

（4）前期调研和背景分析。描述已经进行的前期调研和背景分析工作，包括收集的相关数据、文献综述、实地观察等，作为评估的依据和基础。

（5）已制定的评估指标和标准。明确评估过程中所采用的评估指标和标准，如：学生学习成绩、教学质量指标、教育管理指标等，说明其与评估目的和预期结果的关联性。

（6）相关调查研究数据。引用已有的相关调查研究数据，如：教育统计数据、学生问卷调查数据、教师评价数据等，作为评估的依据和参考。

通过明确评估的依据，包括政策法规、教育标准、学术研究和调研数据等，为评估过程提供合理的依据和基础。

（四）评价标准和指标

选择或制定合适的评估标准是评估工作中至关重要的一步。它能为决策提供依据，促进教育质量的提升和改进，提高评估工作的透明度和可信度。在选择或制定有效的评估标准时，考虑以下因素。

（1）确定评估目的和范围。明确评估的目的和所涵盖的范围是选择或制定评估标准的首要步骤。评估目的和范围确定需要评估的关键要素和领域。

（2）查阅现有标准和指南。进行文献研究，查找已有的评估标准和指南。参考国内外的教育评估组织、行业协会、学术机构等制定的标准，了解行业的最佳实践和通用指导。

（3）了解相关法规和政策。参考相关的政策文件、教育标准、行业标准等，这些文件提供了对教育质量、学生表现、教学方法、课程内容等方面的规范和指导，确保选择的评估标准与这些文件中的要求相一致。

（4）考虑评估对象的特点和需求。评估标准应该考虑评估对象的特点和需求。了解被评估对象的特征、目标和背景，以及评估的重点和关注点。根据评估对象的特点，选择或制定适合的标准。

（5）集思广益，征求专家意见。与相关领域的专家进行交流和讨论，征求他们对评估标准的建议和意见。专家的意见和经验可以提供宝贵的参考，帮助确保评估标准的科学性和实用性。

（6）验证和修订。在实际评估中应用标准后，根据实际情况进行验证和修订。评估过程中的经验和反馈以进一步优化和完善评估标准，使其更加适合实际情况。

（五）工作的方式和方法

根据评估的对象和内容选择合适的评估方法是确保评估工作有效性和可行性的关键步骤。在撰写这部分内容时，要选择适当的评估方法，可以考虑以下要素。

（1）理解评估的目的。我们在选择合适的评估方法时，首先要明确评估的目的和要研究的问题。评估的目的主要是了解教育项目或政策的效果、评估学生学习成果、评估教育机构的质量等。根据不同的目的，选择不同的评估方法。

（2）了解评估对象的特点。评估对象可能是学生、教师、学校、教育项目或政策等。了解评估对象的特点，包括其年龄、教育背景、社会环境等，帮助确定适合的评估方法。

（3）考虑数据的类型和来源。评估方法涉及定性和定量数据的收集和分析。如果需要获得具体的数据，可以选择问卷调查、标准化测试等方法。如果需要深入了解参与者的观点和经验，可以选择访谈、焦点小组讨论等方法。

（4）考虑可行性和可接受性。评估方法的选择应考虑可行性和可接受性因素。评估方法应该在资源和时间限制下可行，并且能够被评估对象接受和参与。

（5）考虑评估的敏感性和隐私保护。某些评估对象可能涉及敏感性问题，例如，个人隐私、脆弱群体等。在选择评估方法时，需要考虑如何保护评估对象的隐私和尊重他们的权益。

一般来说，教育评估采用的方法包括问卷调查、访谈、比较分析、观察和同行评审等。由于教育评估机构的经费有限，评估工作遵循科学原则的同时，需要注重节约成本。在评估活动中，评估机构应该遵循以人为本的原则，深入学校，积极搜集原始的评估信息，并进行准确的解读和分析，以避免学校教师或管理人员对评估活动的抵触。

（六）数据收集和分析

评估专家对评估信息进行处理和分析，并依据分析情况撰写初步的评估报告。为了能有效地收集所需信息以及便于后期的数据分析，需要关注以下八个方面。

（1）数据的收集方法。需在方案中介绍将使用的数据收集方法，例如，问卷调查、访谈、观察或标准化测试等，以及选择这些方法的理由。

（2）数据的收集工具。方案中，我们需详细描述用于收集评估数据的工具和材料，例如，问卷表格、访谈指南、观察记录表等。说明这些工具的设计原理和逻辑，确保其能够收集到需要的信息。

（3）数据的样本和样本选择。方案中说明数据收集的目标人群或样本，如学生、教师、家长等。描述样本选择的方法和原则，包括随机抽样、分层抽样或方便抽样等，并解释为什么选择这种样本选择方法。

（4）数据的收集程序。详细描述数据收集的程序和步骤，包括数据收集的时间、地点、参与者的邀请和参与方式等。确保收集程序的一致性和标准化，以保证数据的可靠性。

（5）数据管理和保密措施。说明如何管理和保存收集到的数据，包括数据存储的方式、数据备份和安全措施，以及符合隐私保护法规和伦理准则的数据使用和共享方式。

（6）数据的分析方法。描述将使用的数据分析方法，如：描述性统计、相关分析、因子分析等。解释每种方法的适用性和分析步骤，以及如何根据评估的目的和研究问题选择合适的方法。

（7）数据的分析计划。阐述数据分析的计划和时间安排，包括数据清理、数据转换、统计分析和解释结果的步骤。确保数据分析的顺序和逻辑性，并合理安排时间以保证评估工作的进度和质量。

（8）数据分析结果的解释和报告。说明如何解释和解读数据分析的结果，并如何将结果整合到评估报告中。强调结果的重要发现和关键洞见，以支持评估的目的和决策需求。

总之，在撰写数据收集和分析部分时，需要明确和具体地描述数据收集和分析的过程、方法和工具，以确保数据的可靠性、准确性和可比性。同时，要注重解释数据的意义和价值，将数据结果与评估目标和问题联系起来，为决策和改进提供实质性的支持和指导。

（七）评估步骤和时间安排

一般而言，一个评估项目的评估流程大体包括以下六个方面。

1. 前期准备阶段

（1）确定评估目的和范围。

（2）组建评估团队，包括评估专家和工作人员。

（3）对评估团队进行分工、培训。

（4）收集学校基本信息和相关数据，了解学校基本情况。

（5）制订评估计划和时间表。

2. 学校申报阶段

（1）学校向评估机构提交申请。

（2）提供学校的基本情况、教育质量和发展情况等相关材料。

（3）安排评估机构与学校的沟通和准备会议。

3. 实地评估阶段

（1）评估机构组织评估专家进行实地考察和评估。

（2）进行学校访谈、观察课堂教学和学校环境等。

（3）收集相关数据和信息，包括学生表现、教师能力、教育资源等。

4. 数据分析和评估结果

（1）对收集到的数据进行整理、清理和分析。

（2）使用适当的评估工具和方法，对学校的教育质量和发展进行评估。

（3）形成评估报告，包括评估结果、问题和建议。

5. 结果反馈和应用阶段

（1）评估机构向学校和主管部门提供评估报告，并与学校和主管部门讨论评估结果。

（2）解释评估结果，讨论改进措施和行动计划。

（3）协助学校制订改进计划，并提供必要的支持和指导。

（4）检查评估总结与材料归档。

6. 监督和评估改进阶段

（1）对评估过程和结果进行监督和评估。

（2）评估机构定期与学校进行跟踪沟通，监测改进措施的实施情况。

（3）收集学校改进后的数据，评估改进效果。

一套完整的评估流程从前期准备到学校申报，再到实地评估和数据分析，最后到结果反馈和应用，以及监督和评估改进，可能因具体的评估项目和机构的要求而有所不同。不管简单还是烦冗，每个阶段都需要评估机构与学校紧密合作，确保评估工作的科学性和有效性。

（八）评估团队和专业伦理准则

评估机构应制定和遵守专业伦理准则和规范，明确评估工作人员的职业道德和行为准则。评估工作人员应具备诚信、保密、客观和公正的原则，遵守评估的专业规范和道德要求。评估机构应加强对评估工作人员的监督和管理，确保评估工作的质量和信誉。

（1）评估团队的选择。教育评估机构根据具体评估项目，确定评估团队的成员角色和职责。评估团队包括评估专家、数据分析师、项目管理员等。在组建评估队伍时，评估机构根据评估项目的需求，将评估专家和其他团队成员组建成一个协调合作的团队，评估团队要确保多样性和专业性，有助于融合不同的观点和经验，提供全面的评估结果。在组织评估团队后，评估机构要开展必要的培训，为团队成员提供必要的支持和资源，确保他们具备开展评估工作所需的能力和知识。

（2）回避原则。教育评估机构遴选的专家组成员，应避免利益冲突和偏见，虽然可能具备政府、学校的工作背景，但是他们作为机构抽选的专家，应与被评估单位无直接联系。在评估过程中，评估工作人员应保持客观、公正的态度，避免个人主观偏见对评估结果的影响。

（3）保密规定。所有参与评估的专家及工作人员都要签署保密协议，严格遵守评估保密规定；未经允许不得对外透露评估工作信息，不得接受采访或以个人名义对外发表与评估内容相关的言论、结果，不对外透露或传播评估内容。

（4）廉洁要求。所有参与评估的工作人员都要严格遵守廉洁自律的规定，严守教育部“十不准”评估纪律，不接受利益相关方的礼品、礼金、有价证券、宴请等。

（九）评估报告和结果呈现

在教育评估机构开展的评估活动中，评估的目的不在于排名或获取政府教育资源，而是为了改进和提高学校的教学质量。

评估报告应全面、系统地反映评估过程、内容和结果，包括内容摘要、报告正文和附录等部分。评估报告的框架并非固定不变，评估小组会根据具体情况建立合适的评估报告逻辑框架。

完成上述工作后，评估专家组将初步评估报告提交给同行和上级管理部门，征求修改意见。评估专家组会根据反馈意见对初步评估报告进行修改和完善，确保评估报告的内容和评价结果能够达到评估目的。

（十）质量控制和质量保证

评估机构应建立质量控制和质量保证机制，确保评估工作的一致性和准确性。这包括制定评估标准和指导文件，进行内部审核和质量检查，以及建立反馈机制和持续改进的措施。

在评估方案中，首先应体现质量控制目标和原则；其次是描述具体的质量控制措施和方法，包括评估工作的监督和审核机制、内部质量检查和校对；再则是质量标准和要求，列出评估工作的质量标准和要求；最后是说明为评估工作人员提供的培训和支持措施，包括专业培训、技术支持、评估工具和方法的培训等。

（十一）经费预算和资源安排

在经费预算中，需要明确评估项目的经费来源，可以是政府拨款、机构内部资金或外部赞助等。在组织一项评估过程中，可能需要支出的内容包括但不限于以下八个方面。

（1）人员费用。包括评估团队成员的工资、津贴和差旅费用等。

（2）差旅费用。包括评估团队成员的交通费、食宿费和交际费等。

（3）设备和材料费用。评估所需的设备和工具的购置、租赁或维护费用，以及相关材料和文件的制作、印刷或复印费用。

（4）专家顾问费用。邀请外部专家或顾问参与评估过程，可能需要支付专家咨询费或顾问费用。

（5）培训费用。为评估团队成员提供必要的培训和更新专业知识，包括培训课程的费用和培训材料的准备费用。

（6）报告和文件制作费用。评估报告和相关文件的制作、印刷或电子化处理的费用。

（7）管理和行政支出。评估过程中的管理和行政支出，如办公场地租金、办公设备的购置和维护费用等。

（8）监督和质量保证费用。建立监督和质量保证机制所需的费用，包括评估的监督和审计费用。

以上仅列举了一些可能需要支出的内容，具体的费用项目会根据评估的规模、范围和要求而有所不同。在编制经费预算时，需要根据评估的具体情况和预期工作量，合理预估各项费用，并确保经费的合理分配和有效使用。

（十二）监督与反馈机制

监督与反馈机制是评估方案中非常重要的一部分，用于确保评估工作的质量和效果。建立评估工作的监督和反馈机制，包括内部和外部的监督、评估结果的反馈和沟通渠道。

（1）设立监督机构或委员会。监督机构或委员会由内部人员或外部专家组成，负责监督评估过程的执行和结果的准确性。

（2）建立反馈渠道。为被评估单位、利益相关方和社会公众设立反馈渠道，接收他们的意见、建议和投诉。评估机构需要及时收集和整理反馈信息，并对相关问题进行跟进和回应。

（3）定期报告和沟通。评估机构应定期向被评估单位和利益相关方提供评估进展报告和汇报结果，包括中期进展报告、初步评估报告和最终评估报告等。同时，评估机构应建立有效的沟通渠道，与被评估单位和利益相关方进行定期沟通和交流，解答疑问，了解它们的需求和反馈。

（4）质量保证和内部审查。评估机构应建立质量保证机制，包括内部审查和评估工作的质量检查。通过定期进行质量评估、内部审计和对评估工作人员的绩效评估，确保评估工作的准确性、可靠性和一致性。

（5）信息公开与透明度。评估机构应公开评估过程、方法、数据和结果，评估报告和相关文件应向被评估单位、政府机构和公众公开，以便它们了解评估过程和结果。

（十三）持续改进

在评估方案中，持续改进是一个重要的模块，旨在提高评估工作的质量和效能。首先，在持续改进这个模块中，评估方案应包含反思和评估评估工作的机制和方法。包括定期的评估回顾会议或工作坊，评估工作人员对评估过程和结果进行自我评估和反思，从而发现问题、识别改进点，并制定相应的改进措施。其次，评估方案应规定如何收集、整理和分析利益相关方的反馈意见，并将其纳入持续改进的过程中。再次，评估方案应包括评估工作人员培训和能力提升的计划，设立专家库黑名单制度，对违反评估纪律的专家拉入黑名单。最后，评估方案应鼓励评估机构将评估成果与利益相关方及教育界分享，促进知识的转化和共享。通过组织学术研讨会、发布研究报告、参与专业交流活动等方式，评估机构可以将评估结果转化为实际行动和政策建议，推动教育改革和提升教育质量。

持续改进是评估工作的关键环节，帮助评估机构不断提高工作水平和效果，适应不断变化的需求和挑战。评估方案中明确的持续改进机制和具体内容有助于确保评估工作的连续性和可持续性。

第二节　评估方案的实施

教育评估方案的实施是将评估方案转化为实际行动，以开展教育评价工作并得出评价结论。在实施过程中，评估团队需要紧密合作，严格按照方案中确定的步骤和时间计划进行工作。同时，也要根据实际情况进行灵活调整和微调，以应对可能出现的变化和挑战。

一、落实评估方案的步骤

（一）阅读和熟悉评估方案

阅读和熟悉评估方案是开展好评估工作的重要准备步骤，它有助于评估团队全面理解评估目的、内容、方法和流程，使评价误差减少到最小范围，最大限度地提高评估工作效果，确保评估工作的顺利进行。评估团队在阅读和熟悉评估方案过程中，需要注意以下事项。

（1）仔细阅读评估方案。包括方案中评估的目的、依据、标准、流程、方法、数据收集和分析、报告撰写等，了解每个模块的内容和要求。

（2）理解评估目的。评估方案通常会明确评估的目的和目标。理解评估的目的是为了确保评估工作能够对问题或需求进行有效的分析和解决。

（3）了解评估标准。评估方案中会涉及评估的标准和指标，这是用来衡量评估对象是否达到预期目标的依据。

（4）熟悉评估流程。评估方案会描述评估的具体流程和步骤，包括数据收集、分析、报告撰写等环节。熟悉评估流程以帮助评估团队掌握工作进程和时间安排。

（5）了解数据收集和分析方法。评估方案会明确数据收集和分析的方法和工具。了解数据收集方法、采样方式、调查问卷或访谈指南的编制，以及数据分析的技术和程序。

（6）注意评估的特殊要求。有些评估可能有特殊的要求，例如，隐私保护、保密性、回避原则等。确保评估团队了解并遵守这些要求。

（7）识别潜在问题和挑战。在阅读和熟悉评估方案的过程中，识别可能出现的问题和挑战，并思考如何应对和解决这些问题。

（8）与评估团队进行讨论。评估团队成员应该阅读和熟悉评估方案，并就其中的内容进行讨论和澄清，确保团队对评估方案有一致的理解。

通过仔细阅读和熟悉评估方案，评估团队能够全面了解评估工作的要求和流程，为实施评估提供明确的方向和指导。

（二）制订详细的工作计划

在执行评估方案过程中，制订详细的工作计划是确保评估工作有序进行的关键步骤。需要根据评估方案中的时间计划和流程，制订具体的工作计划，明确每个阶段的任务、责任人和完成时间，主要包括以下八个关键步骤。

（1）明确评估目标和任务。根据评估方案中的目标和任务，明确评估工作的具体目标和任务，确保评估的重点和范围。

（2）分解工作任务。将评估工作分解为具体的任务和子任务，确保每个任务都明确可行，能够有效实施。将大任务分解为小任务有助于更好地管理工作进度和资源。

（3）确定工作时间和节点。为每个任务设定时间限制和截止日期，确保评估工作按时完成。同时，设定关键节点，用来衡量和监控工作进展。

（4）分配资源和责任。确定评估工作所需的人力、物力和财力资源，并分配给相应的团队成员。明确每个成员的责任和角色，确保工作的协调和合作。

（5）建立工作流程和沟通机制。制定评估工作的流程表或工作流程，确保工作按照既定流程推进。同时建立有效的沟通机制，确保团队成员之间的信息共享和协作。

（6）考虑风险和变更管理。识别评估工作中可能出现的风险和变更，制定相应的应对措施和备选方案，确保能够及时应对和调整。

（7）监督和评估工作进展。建立监督和评估机制，定期检查工作进展，确保按计划进行，并及时解决问题和调整计划。

（8）灵活调整计划。评估工作可能会面临各种挑战和变化，根据实际情况灵活调整工作计划，确保评估工作的顺利进行。

通过制订详细的工作计划，评估团队能够清晰了解评估工作的目标和任务，并有序地组织和实施评估活动。

（三）收集和整理评估所需的数据和信息

在执行评估方案过程中，收集和整理评估所需的数据和信息是评估工作的重要环节。为了在评估过程中能较好地收集和整理数据，一般有以下步骤。

（1）明确数据和信息需求。根据评估方案中的目标和任务，明确评估所需的数据和信息类型，包括定性和定量数据、主观和客观信息等。

（2）选择合适的数据收集方法。根据评估目标和数据需求，选择合适的数据收集方法，如问卷调查、访谈、观察、文献研究等。确保所采集的数据和信息能够有效支持评估的目标和问题。

（3）制定数据收集工具。根据数据收集方法，制定相应的数据收集工具，如问卷、访谈指南、观察记录表等。

（4）组织数据收集活动。根据工作计划，组织数据收集活动，包括发送问卷、安排访谈、进行观察等。

（5）确保数据的准确性。在数据收集过程中，采取适当的措施确保数据的准确性和可靠性。如在问卷调查中进行抽样，访谈中采用适当的提问技巧，观察中进行多次观察等。

（6）整理和编码数据。对收集到的数据进行整理和编码，将其转化为可分析的格式。使用合适的工具，如电子表格或统计软件，进行数据整理和编码工作。

（7）进行数据分析。根据评估的目标和问题，选择合适的数据分析方法，如统计分析、内容分析、质性分析等。通过数据分析，提取评估所需的关键结果和发现。

（8）进行数据验证。在数据整理和分析过程中，进行数据验证，确保数据的准确性和可信度。

（9）编写数据报告。根据评估方案的要求，编写数据报告，清晰呈现收集和分析的数据和信息。报告应包括数据的背景、方法、结果和分析，以及相关的图表。

（10）保护数据的机密性和安全性。在数据收集和整理过程中，确保数据的机密性和安全性。采取适当的措施，如匿名化数据、加密数据存储等，保护被评估对象的隐私和数据安全。

（四）进行实地访问和考察

在评估过程中，评估工作人员需要根据评估方案中的内容、工作方式和方法，进行实地访问和考察，与学校领导、教师、学生和家长进行交流，并记录相关信息和发现，这也是获取真实情况和直接考察现场的重要手段。在进行实地访问和考察时，一般有以下八个步骤。

（1）规划访问和考察活动。根据评估方案确定访问和考察的目标和内容，制订考察的详细计划，以确定访问和考察的时间、地点、参与者，以及需要注意的重点。

（2）与被评估对象协商。提前与被评估对象协商，确保访问和考察的安排得到充分理解和配合。与被评估对象沟通访问目的、方式和时间，解释评估的重要性和价值。

（3）记录考察要点和标准。在访问和考察前，明确需要考察和记录的要点和标准。确定需要考察的指标、环境等，并编制考察安排表或考察记录表。

（4）采取适当的考察方法。根据评估的目标和内容，选择合适的考察方法，一般有直接考察、隐蔽考察、参与考察等方式。

（5）记录考察数据和现象。在实地访问和考察过程中，及时记录考察到的数据和现象。在考察过程中，可以使用笔记本、录音笔、摄影设备等工具，确保记录的完整和准确。

（6）与被评估对象进行交流。在访问和考察过程中，与被评估对象进行交流，了解他们的看法、体验和反馈。

（7）及时总结和整理考察结果。在实地访问和考察结束后，及时总结和整理考察结果。归纳和分类考察到的数据和现象，为后续的数据分析和评估结果的生成做准备。

（8）保护被评估对象的隐私和权益。在访问和考察过程中，尊重被评估对象的隐私和权益。遵守相关的法律法规和伦理准则，妥善处理和保护被评估对象的个人信息和敏感数据。

需要注意的是在访问和考察过程中，评估工作人员应保持客观和中立的态度，尽量不对被评估对象的行为进行干预或主观判断，只记录考察到的事实和现象，以便评估团队在实地访问和考察中有效收集和记录相关数据和信息，规范评估工作过程。

（五）分析和解读数据

在执行评估方案过程中，数据分析和解读是评估工作的关键环节，它有助于从收集的数据中获取有价值的信息和洞察，并为评估结论和建议提供支持。在分析和解读数据时，有以下需要注意的地方。

（1）数据准备。首先需要整理和“清洗”收集到的数据，确保数据的完整性和准确性。对于定量数据，进行数据编码和录入；对于定性数据，整理和归类相关信息。

（2）数据描述和统计分析。根据统计分析的需要，对收集到的数据进行描述性统计分析，如计算平均值、频率分布、标准差等。数据的呈现方式可以使用图表、表格等形式进行可视化呈现，以便更好地理解和比较数据。

（3）数据关联和分析。根据评估目的和研究问题，对数据开展关联和分析。比如使用相关性分析、回归分析、比较分析等方法，探索数据之间的关系和趋势，揭示潜在的因果关系和影响因素。

（4）数据解读和发现。根据数据分析的结果，进行数据的解读和挖掘，理解数据背后的含义和趋势，发现数据的规律和异常，从数据中识别出重要的信息和发现的重要问题，以便更深入了解教育背后深层次的问题。

（5）结果验证和解释。首先，将数据呈现的结果与评估目标和评估标准进行对比，验证数据的一致性和可信度。其次，解释数据呈现的结果，提供合理的解释和推断，确保结果的可理解性和可操作性。

（6）结果呈现和报告。评估报告中需要清晰呈现数据分析和解读的结果，通过使用图表、表格、文字描述等形式，以确保报告的可读性和易懂性，使读者能够直观地理解评估结果。

同时，在进行数据分析和解读时，需要注意以下几点。

①保持客观和中立。避免主观偏见和假设的观点影响数据分析，要客观分析和解读数据。

②结果的多角度分析。从不同角度和层面对数据进行分析，以全面的视角去解读数据。

③结果的合理解释。要提供合理的解释和推断，确保结果的解读具有说

服力和可信度。

④结果的限制和不确定性。在数据分析过程中，要能识别数据的限制和不确定性，并在报告中进行说明。

⑤与其他数据和信息的印证。将数据分析的结果与其他数据和信息进行印证，以提高结果的可信度。

通过适当的数据分析和解读，评估团队能够深入理解收集到的数据，发现其中的规律和问题，并为评估结论和建议提供有力的支撑。

（六）撰写评估报告

在执行评估方案过程中，撰写评估报告是整个评估工作的重要环节，根据评估方案中的评估报告程序，撰写评估报告，包括评估的背景和目的、收集到的数据和信息、分析结果、评估结论和建议等内容。

在撰写评估报告过程中，需要把握的节奏和注意的事项有以下几点。

（1）报告结构设计。在撰写评估报告前，要确定评估报告的结构和章节，以确保逻辑清晰和信息有序。常见的报告结构包括摘要、引言、背景介绍、评估目的和方法、数据分析和解读、评估结果和发现、建议和改进建议等模块。

（2）数据整理和编排。根据报告的内容，整理和编排收集到的数据，以符合报告结构和章节的安排。同时，要确保数据的准确性和一致性，并使用图表、表格等形式呈现数据，以增加报告的可读性和易理解性。

（3）结果描述和解释。根据数据分析和解读的结果，对评估的结果进行描述和解释。在撰写报告过程中，尽量用清晰的语言，阐述评估过程中发现的问题并提供合理的、科学的解释和推断。

（4）结果验证和参考依据。在撰写评估报告过程中，要将评估的结果与评估目标和标准进行对比，并且进一步验证结果的可信度和有效性。同时，也可参考相关的研究、理论和法规等依据，支持评估结论和建议的可靠性和可行性。

（5）建议和改进建议。根据评估结果，提出合理的建议和改进建议。建议应给出明确的行动计划和步骤，以帮助评估对象改进和提升教育质量。

（6）清晰和简洁的语言。评估报告应使用清晰、简洁和易懂的语言编写，避免使用过于专业化的术语和复杂的句子结构，以确保报告的可读性和易理解性。

（7）校对和修改。在完成初稿后，要对报告进行仔细的校对和修改，检查报告的语法、拼写、标点等错误，确保报告的准确性和流畅性。

（8）报告的格式和排版。注意报告的格式和排版，包括字体、字号、标题和段落的层次结构等。确保报告的外观整洁、专业和一致。

（9）报告的机密性和保密性。根据需要，确保评估报告的机密性和保密性。根据相关规定和约定，处理和存储报告的信息，以保护涉及敏感信息的机构和个人的隐私。

（七）进行质量控制

在执行评估方案过程中，增强评估结果的可靠性是关键步骤，这就需要评估机构进行质量控制。那如何有效地开展质量的控制，也是当前评估过程中的一项难题。

（1）制定清晰的工作标准。评估机构要确保评估团队成员对评估工作的标准有明确的理解和共识，如明确评估的目标、要求、方法和流程，并将其纳入评估方案中。

（2）建立监督和反馈机制。评估机构要设立评估团队的内部监督和反馈机制，确保评估过程中的质量问题能够及时发现和解决。监督包括定期会议、实地观察和交流反馈等。

（3）样本和数据验证。在数据收集过程中，评估团队要验证和核对样本的选择和数据的准确性。如进行抽样检查、重复测量和数据比对，以确保数据的可信度和一致性。

（4）交叉评估和校对。在评估过程中，评估机构可邀请其他评估专家或团队进行交叉评估，以验证评估结果和发现的一致性。同时，进行内部校对和复核，确保评估报告的准确性和一致性。

（5）审核和审查。评估机构可邀请独立的第三方或内部的审核机构对评估工作进行审核和审查。他们对评估的方法、数据、分析和结论进行独立的验证和审查，确保评估质量的可靠性。

（6）反馈和改进。评估机构要接受利益相关者和决策者的反馈，对评估工作进行改进和提升。并根据反馈意见和建议，修订和改进评估报告和方法。

（7）培训和提升。评估机构要持续进行评估团队的培训和专业发展，提高评估工作的质量和水平。培训包括评估指标、数据分析、沟通技巧等方面，以提升评估团队的能力和专业素养。

（八）提供反馈和交流

在执行评估方案过程中，反馈和交流环节非常重要，评估机构将评估结果及时反馈给学校和其他利益相关者，与他们共享评估发现和建议，促进对评估结果的理解和接受，从而确保评估工作的有效性和可持续性。以下是在反馈和交流环节需要注意的几个问题。

（1）及时沟通和反馈。与评估的利益相关者和决策者保持密切的沟通，定期向他们提供评估进展情况的反馈。及时回应他们的问题和关注，确保信息的及时流通和共享。

（2）制订交流计划。在评估方案中制订详细的交流计划，明确交流的对象、内容、形式和时间安排。根据不同的利益相关者，采用适当的沟通方式，如会议、工作坊、报告、邮件等。

（3）制作清晰的报告和展示。根据评估结果，编制清晰、简明的评估报告，并制作视觉化的图表和展示材料。确保报告和展示内容具有可读性和易理解性，能够有效传达评估结果和发现。

（4）组织利益相关者会议。定期组织利益相关者会议，邀请相关的教育工作者、管理人员、学生、家长和其他利益相关者参与讨论和交流。倾听他们的意见和建议，共同探讨评估结果的应用和改进措施。

（5）利用多种沟通渠道。除了会议和报告，还可利用其他沟通渠道，如电子邮件、在线平台、社交媒体等。与利益相关者进行交流和互动，确保信息的多样化和广泛传播。

（6）接受反馈和建议。鼓励利益相关者提供反馈和建议，倾听他们的意见和观点。认真对待反馈信息，及时回应和解决问题，持续改进评估工作的质量和效果。

（7）形成反馈循环。将反馈信息纳入评估工作的持续改进过程中，形成一个良性的反馈循环。根据反馈结果，修订和改进评估方案、方法和报告，提升评估工作的质量和可持续性。

通过以上反馈和交流的落实，促进评估工作与利益相关者之间的密切合作和理解，提高评估的接受度和可操作性，确保评估结果的有效应用和推动教育改进。

（九）进行持续改进

在执行评估方案过程中，落实持续改进环节非常重要，可以确保评估工作的质量和有效性，提升评估结果的实用性和影响力。落实持续改进环节，采取一些方法和措施。

（1）定期评估回顾。评估机构定期回顾评估工作的进展和成果，与评估团队成员进行讨论和总结，分析在已评估的项目在评估过程中的问题和挑战，寻找改进的方向和方法，进一步完善评估方案，优化评估流程。

（2）收集利益相关者反馈。评估机构要积极收集利益相关者对评估工作的反馈意见，包括评估对象、教育行政管理人员、教育工作者、学生、家长等各方面的观点和建议。对反馈信息，评估机构要反思评估过程中的不足之处，充分利用反馈信息，不断调整和改进评估工作的策略和做法。

（3）利用评估结果。首先，评估机构要将评估结果应用于决策和改进实践中，确保评估的实用性和价值。其次，评估机构要与教育行政管理人员、教育工作者共同探讨评估结果的含义和影响，提出改进的建议和措施，并协助他们制订、改进评估计划和行动。

（4）学习和知识分享。评估机构要鼓励评估团队成员进行学习和知识分享，以提高评估的专业水平和能力。评估机构通过组织专业培训、研讨会和讨论活动，分享评估经验和最佳实践，促进团队成员之间的学习和交流。

（5）不断改进评估方案。评估机构日常要根据评估工作中的经验和教训，及时修订和改进评估方案。对评估目标、方法、工具和流程进行审视和调整，确保评估方案的科学性和实用性。

教育评估机构通过持续改进的措施，不断提升评估工作的质量和效果，逐步优化评估方案和实施过程，不断提升评估工作的科学性、规范性及专业性。

二、落实评估方案需注意的地方

教育评估方案的实施需要严格按照方案规定的步骤和时间计划进行，并根据实际情况进行必要的调整和微调。在落实评估方案过程中，为了能确保评估方案能落地，以获得准确、可靠的评估结果，仍需关注几个方面。

（1）在实施评估方案的过程中，需要采用科学的数据收集和分析方法，确保数据的准确性和完整性，以加强评估结果的可靠性和有效性。

（2）在实施评估方案的过程中，评估团队在遵循标准化的操作程序的基础上，应充分发挥各自的专业能力，紧密合作，相互支持，共同推动评估工作的顺利进行。

（3）在实施评估方案的过程中，评估机构应建立有效的沟通和协调机制，与被评估对象及其他利益相关方保持密切联系，及时共享评估进展和结果，并接受他们的反馈和意见。

（4）在实施评估方案的过程中，对评估过程的监督和评估也非常重要。通过定期的评估工作回顾和自我反思，评估团队可以发现问题、改进方法，并及时采取措施加以解决，以提高评估工作的质量和效果。

第三节　评估报告的撰写

评估报告是教育评估的重要成果之一，它承载了评估过程中收集、分析和解释的数据、信息和评价结果。评估报告应该具有客观、准确、清晰和可操作性的特点，能够为决策者、教育工作者和其他利益相关方提供有价值的信息和指导，促进教育实践的改进和发展。需要注意的是，每个评估报告都是独特的，它的内容和结构可能因评估项目的特殊性而有所差异。因此，在撰写评估报告时，要根据具体情况和评估目的合理安排内容和结构，并确保报告能够满足读者的需求和期望。

一、评估报告的作用

（一）提供客观的评估结果

评估报告作为教育评估的主要成果之一，通过数据、分析和解读，向教育管理人员、教育工作者和利益相关方提供客观的评估结果。报告详细描述了评估的目标、方法和结果，以及评估过程中涉及的数据和信息来源。通过清晰的呈现和解释，评估报告揭示了教育管理和教育质量的现状、问题和潜在改进方向。这样的客观结果可以帮助相关方了解教育领域的挑战和机遇，为决策和改进提供有力依据。

（二）支持决策制定和政策发展

评估报告的结论和建议对教育管理人员具有重要的指导作用。报告中的评估结果和发现提供了教育管理人员了解教育实践的深入视角，帮助他们制定教育政策、规划教育发展和分配资源。评估报告中的具体建议和行动计划可以给教育管理人员在实践中做出相应的改变和调整提供参考，以提升教育质量，推动教育改革。

（三）促进教育实践改进

评估报告的关键作用之一是促进教育实践的改进。评估报告帮助教育工作者认识到自身实践中存在的问题、挑战和改进建议。通过评估结果的反馈，教育工作者能够调整教学策略、改善课程设置、提升教师培训等方面的不足，以此激发教育工作者的思考和行动，推动教育实践的改进和创新，从而提高教育质量和学生学习成效。

（四）促进知识共享和经验交流

评估报告通过向教育界和社会大众传播评估的经验和教训，促进了知识的共享与传递。一些成功的评估实践案例、教育创新和有效的改进策略通过评估报告得以分享，这种知识的共享和经验的交流有助于不同教育机构之间的学习和合作，推动教育改革和发展。

（五）提高透明度和问责性

评估报告的公开和共享提高了评估工作的透明度，让利益相关方了解评估过程和结果。评估报告的公开可避免公众潜在的偏见和误解。同时，评估报告中的结论和建议也可以作为评估工作的问责依据，鼓励决策者和教育工作者对评估结果采取行动。

综上所述，评估报告在教育评估中扮演着重要角色。它提供客观的评估结果、支持决策制定、促进教育实践改进、促进知识共享和经验交流，以及提高透明度和问责性。评估报告的作用不仅限于提供信息和建议，更在于推动教育体系的优化和进步，为教育质量的提升和学生的发展创造良好的条件。

二、评估报告的撰写原则

撰写评估报告是评估过程的关键组成部分，它将评估的发现、结论和建议传达给利益相关者。为确保报告的有效性和影响力，评估报告应遵循以下原则。

（一）客观性和准确性

评估报告应基于客观的数据和信息，准确地呈现评估过程和结果。报告的内容应真实反映评估发现的问题，避免主观偏见和个人意见的介入。同时，应确保数据的准确性，避免错误或造成误导。

（二）透明度和可理解性

评估报告应以清晰、简洁的方式表达评估结果。使用清晰的语言和逻辑结构，使读者能够准确理解评估的目的、方法和结果。报告中的术语和概念应解释清楚，避免使用过多的专业术语，以便读者能够理解和应用报告的内容。

（三）结论和建议的可行性

评估报告应提供明确的结论和建议，这些结论和建议应具备可行性和可操作性。结论应基于评估结果，指出问题的本质和原因，并提出改进的方向和具体措施；建议应具体、可操作，并考虑到实施的可行性和资源限制。

（四）综合性和全面性

评估报告应综合考虑多个维度和因素，全面反映评估的结果。评估报告应覆盖评估目标的各个方面，涵盖不同的评估指标和数据来源。同时，评估报告还应综合考虑各种利益相关方的意见和反馈，确保报告的全面性和客观性。

（五）可持续性和连续性

评估报告不仅是一次性的成果，还应具有可持续性和连续性。报告应提供建立长期改进机制和跟进措施的建议，以确保评估结果的持续应用和改进。

综上所述，评估报告的撰写原则包括客观性、准确性、透明度、可理解性、可行性、综合性、全面性、可持续性和连续性等。遵循这些原则以确保评估报告的质量和有效性，提供有价值的评估结果和建议。

三、评估报告的主要内容

一份完整的评估报告通常有封面和正文两个部分。封面通常包括评估报告的名称、日期、评估机构的标识和相关信息，用于展示报告的基本信息。正文则是具体的报告内容，包括对评估过程、人员组成、总体效果等方面的描述和分析。

（一）封面部分

为提高评估报告的传递效率，封面通常会提供如下信息。

（1）报告标题。准确描述评估主题的标题。

（2）报告日期。标明评估报告的编写日期。

（3）评估机构信息。包括评估机构的名称、标识和相关联系信息。

（4）评估报告接受单位、部门或个人的名称或姓名。

（5）评估方案实施和完成的时间。

（6）呈送报告的日期。

（二）正文部分

（1）摘要。摘要是对评估报告的简要概括，包括评估的背景、目的、方法和主要结论。摘要应具备简明扼要、准确完整的特点，能够让读者迅速了解评估的要点和重要发现。

（2）引言。引言部分介绍评估的背景和目的，提供评估所针对的问题背景，解释为什么进行此次评估以及评估的目标和目的。引言能够帮助读者建立对评估的基本认识，并理解评估的重要性和意义。

（3）评估依据和标准。评估依据和标准部分列出评估所依据的法律法规、政策文件、标准和指南等相关文件。明确评估所采用的标准和准则，确保评估的科学规范，并使读者了解评估所依据的权威性和合理性。

（4）评估方法和工具。评估方法和工具部分阐述评估所采用的具体方法和工具，包括问卷调查、访谈、观察等。描述评估方法的设计和实施过程，使读者了解评估工作的方法学基础和操作流程。

（5）数据收集和分析。数据收集和分析部分描述评估所采集的数据来源、收集方式和分析方法。解释数据收集的过程，介绍数据分析的方法和技术，以确保评估结果的科学性和准确性。

（6）评估结果和建议。结论和建议部分总结评估的主要发现，并提出针对性的建议和改进措施。结论部分对评估的成果进行概括和总结，建议部分提供具体的改进建议和行动计划，为决策者提供决策支持。

（7）附录。包括评估过程中使用的问卷调查表、访谈指南、数据表格等附加资料，供读者进一步了解评估的细节和数据。

（8）参考文献。参考文献部分列出评估报告中所引用的文献和资料，以保证评估报告的学术可靠性和知识来源的透明度。

（9）附注部分。主要包含两个部分：一是贡献者和致谢。在评估报告的最后，致谢部分表达对参与评估的个人和组织的感谢，并列出评估报告的贡献者和参与人员。二是版权和保密声明。根据评估的要求和机构的规定，评估报告可能包含版权和保密声明，以确保报告的知识产权和机密性。

总体而言，评估报告的构成要素应当充分反映评估的全过程，从评估的背景和目的、方法和工具的选择、数据的收集和分析，到评估的结果和结论，再到建议和改进措施。这些要素的合理组织和清晰呈现可以提高评估报告的可读性和易理解性，使读者能够全面了解评估的过程和结果，并为决策和行动提供有力支持。

四、评估报告的定稿过程

评估报告的定稿过程一般包括以下阶段。

1. 初稿编写

评估团队根据评估方案和数据分析的结果，撰写初稿。初稿包含评估的背景和目的、评估的依据和标准、评估方法、数据收集和分析结果、结论和建议等内容。

2. 内部审阅和修改

初稿完成后，评估团队进行内部审阅和修改。评估团队成员或其他相关人员对初稿进行仔细阅读和审查，提出修改意见和建议，确保评估报告的准确性和一致性。

3. 修改和修订

评估团队对初稿进行修改和修订。根据反馈意见进行必要的数据调整、文字修饰和结论调整，确保评估报告的准确性、清晰度和逻辑性。

4. 最终定稿

在经过多轮的修改和修订后，形成最终的评估报告。最终定稿需要经过评估团队成员的一致认可和确认。

在整个定稿过程中，沟通和协作是非常重要的。评估团队成员之间需要及时交流和讨论，确保对修改意见的共识和理解。最终的评估报告应该经过充分的审查、验证和核实，确保其准确性、完整性和可读性。定稿后的评估报告可用于决策制定、政策改进、资源配置等方面，为教育机构和相关利益相关者提供决策支持和参考依据。

第四节　评估结果的反馈

评估结果的反馈是将评估过程中收集的数据、发现的问题以及提出的建议以适当的方式传达给被评估单位和利益相关方的过程。它旨在向被评估单位提供准确、客观和有用的信息，以帮助其了解自身在教育领域的表现、存在的问题和改进机会，并制定相应的改进措施和方向。评估结果的反馈通过多种形式进行，如现场报告、会议、讨论和交流等，以确保被评估单位能够理解评估结果并做出及时的回应。评估结果的反馈对于促进教育改革、提高教育质量、增强教育系统的透明度和问责制具有重要作用。

一、评估结果反馈的方式

在完成评估工作后，评估结果的反馈通过多种方式进行，每种方式都有其优点和局限性。评估机构根据实际情况选择合适的反馈方式。

1. 书面报告

书面报告是最常见的反馈方式，可以提供详细的评估过程、评估结果和改进建议。这种反馈方式的优点是可以准确地记录评估结果，便于传阅和存档；缺点是可能较为冗长，被评估单位需要花费时间来阅读和理解。

2. 口头报告

口头报告主要是通过会议、研讨会或演示等形式向被评估单位进行直接反馈。这种反馈方式的优点是可以进行互动交流，解答疑问，加深理解；缺点是信息传达可能不够全面和准确，被评估单位需要依赖于口头表达的能力和记忆。

3. 反馈会议

组织一次专门的会议，将评估结果呈现给被评估单位和利益相关方，并进行讨论和解释。这种反馈方式的优点是可以促进沟通和合作，加强理解和共识；缺点是需要协调参与者的时间和资源，并确保会议的有效性。

4. 反馈讨论组

通过组织一次小组讨论，让参与者就评估结果进行交流和讨论。这种反馈方式的优点是可以集思广益，多角度解读评估结果；缺点是可能存在意见不一致或偏颇的情况，需要进行适当的引导和协调。

综合来说，不同的反馈方式各有优缺点，评估机构应根据评估对象的特点、目标和需求，灵活选择合适的反馈方式或结合多种方式进行反馈，以确保评估结果得到有效传达和理解。同时，评估机构应提供适当的解释和支持，以帮助被评估单位理解和应对评估结果。

二、如何选择合适的反馈方式

评估结果的反馈方式存在多种，评估机构在设计评估流程时，应事先将评估反馈的安排做好计划，以便评估团队、被评估单位做好准备工作。评估机构在选择合适的反馈方式需要考虑多个因素，包括评估对象的特点、目的、需求，以及评估机构和被评估单位的资源和限制。如何选择合适的反馈方式，一般从以下几个方面考虑。

1. 考虑受众

主要是确定谁将接收和使用此次评估结果，包括被评估单位的管理层、教师、学生、家长、政府机构等。根据受众的需求和偏好选择反馈方式，确保信息传达到目标群体。

2. 评估结果类型

如果评估结果是积极的，你可能想要通过正面、鼓励的方式进行反馈；如果评估结果存在一些问题或挑战，可能需要选择更为严肃、直接的反馈方式。

3. 互动性和合作性

如果希望与被评估单位进行互动和合作，口头报告、反馈会议或小组讨论等方式能够促进双方或多方有效的交流和合作，更好地理解评估结果。

4. 资源可行性

评估机构和被评估单位的资源限制也是选择反馈方式的考虑因素。口头报告或反馈会议可能需要更多的时间和人力资源，而书面报告则更加灵活。

5. 目标达成度

根据评估的目标和预期成果，考虑哪种反馈方式可以最大限度地实现目标。例如，如果评估结果需要深入解释和讨论，口头报告或反馈会议可能更适合。如果结果较为简洁明了，书面报告或简洁的书面摘要也能支撑。如果目标是促进对评估结果的共识和行动计划的制订，那么面对面地交流和讨论可能更有效。

6. 文化和语言差异

在开展评估过程中，评估机构还可以考虑到被评估单位的文化和语言背景，如果存在语言障碍，则考虑提供翻译或使用图表、图片等可视化工具来支持信息传达。

综上，评估机构在选择合适的反馈方式过程中，尽可能地与被评估单位进行充分的沟通和协商，了解它们的偏好和需求，以确保评估结果得到有效传达、理解和应用。

三、评估结果的反馈需要注意的问题

在开展评估结果反馈工作时，为提高被评估单位对评估结果的接受度和理解程度，提升评估工作的成效，反馈的过程中也需关注几个方面。

1. 清晰明确的沟通

在开展评估反馈时，评估团队尽量使用简明扼要的语言，避免使用过多的专业术语和复杂的表达方式，以确保评估结果的反馈信息和内容能够清晰地传达给受众，从而避免被评估单位对评估结果产生误解。必要的时候，评估团队可以使用图表、图像和可视化工具来帮助受众更好地理解评估结果。

2. 尊重和理解

在开展评估反馈时，评估团队要尊重被评估单位的意见和对评估结果的回应，理解它们的观点和需求。同时，要与被评估单位建立良好的沟通和合作关系，倾听它们的想法和反馈。通过与它们的对话和互动，增进相互之间的理解和共识，以促进评估结果的有效应用。

3. 鼓励互动和讨论

在开展评估反馈时，评估团队为被评估单位提供机会参与讨论和提出问题，鼓励被评估单位开放和透明地对话，解答疑虑和解决问题。通过互动性的反馈过程，评估团队可以深入了解被评估单位的需求和关切，并提供针对性的信息和建议。这种方式有助于建立信任和合作关系，并推动评估结果的应用和改进措施的制定。

4. 引导行动计划

评估结果的反馈应具有实际的行动导向，为被评估单位提供具体的建议和改进措施，帮助被评估单位制订可行的行动计划，并支持它们在改进和提高方面采取具体的步骤。

5. 持续跟进和支持

评估结果的反馈应是一个持续的过程，而不仅仅是一次性的交流。评估机构应提供后续的支持和指导，帮助被评估单位在实施行动计划和改进措施中取得进展。同时，定期跟进和监测评估结果的应用情况，以确保评估结果的有效落实和持续改进。

第五节　评估结果的运用

评估结果的运用是将评估过程中所获得的数据、信息和评价结论转化为实际行动的关键环节。通过有效运用评估结果，学校能够针对评估发现的问题和改进建议，有针对性地进行教育质量的改进和提升。同时，评估结果的运用还可以为教育政策的制定和实践提供重要的参考依据，通过对评估结果的分析和应用，政策制定者能够更准确地了解教育领域存在的问题和挑战，制定出更具针对性和可行性的政策措施。

一、加强评估结果的运用的重要意义

1. 改进决策和政策制定

通过对评估结果的深入分析和解读，教育管理者发现教育系统存在的问题和挑战，为教育决策者提供科学依据和指导，帮助他们制定更有效的教育政策和决策，以推动教育质量的提升和教育改革的推进。

2. 促进学校改进和发展

首先，学校通过评估结果的反馈，了解到学校管理和教育质量存在的问题，也明确了学校的改进方向。其次，学校根据在评估过程中发现的问题，制定具体改进措施并落实于行动中，以提升教学质量和学校整体发展。同时，评估结果可以帮助学校挖掘典型例子，促进学校间或区域间的学习和合作。

3. 促进教师专业发展

在教师发展领域，教师根据评估结果中的教学反馈和建议，调整自己的教学策略和方法，提升教学效果和学生学习成果。同时，评估结果为教师的专业发展提供参考，帮助他们明确自身发展的需求和目标，参与相关的专业培训和进修，从而不断提升自身的教育能力和专业素养。

4. 增强学生参与感和意识

在家校协同上，评估结果的运用可以促进学生和家长的参与和意识提升。学生和家长了解自身在教育过程中的表现和成果，对教学质量和学校环境提出意见和建议。评估结果的透明度和反馈机制可以增强学生和家长的信任和参与感，推动家校合作，共同关注教育质量的发展。

5. 推动教育改革和提升教育质量

通过对评估结果的综合分析和比较，发现不同地区、学校或教育项目之间的差异和改进空间。一方面，为教育部门和相关机构提供指导，推动教育改革的发展和措施的落实；另一方面，评估结果的公开和共享也能够推动整个教育系统的学习和进步，促进教育质量的提升。

二、如何加强教育评估结果的运用

加强评估结果的运用对于教育系统的改进和发展具有重要的意义。评估结果的有效运用可以促进决策制定、学校改进、教师发展等，为提升教育质量和实现教育目标做出积极贡献。为了能最大限度地发挥评估成效，采取如下措施加强评估结果的运用。

1. 机构层面

（1）建立反馈机制。在完成评估工作后，评估团队要确保评估结果及时反馈给被评单位和相关部门以及人员，包括学校管理层、政府部门、教师、学生和家长等。通过书面报告、现场报告或反馈会议等方式，将评估结果传达给相关人员，使其了解在评估过程中发现的问题以及改进的建议。

（2）开展中期整改和监测工作。制定中期审核和整改工作机制，定期监测和评估改进措施的实施效果和成效。通过中期审核，收集和分析相关数据，评估改进措施对教育质量的影响，以便及时调整和优化措施，确保持续改进和进步。

（3）建立公开与透明机制。评估机构要确保评估结果的透明度，通过公开报告、信息发布、社交媒体等渠道，向公众公开评估结果的相关信息，鼓励他们参与评估结果的讨论和应用，使评估过程和结果被广泛了解和接受。

2. 政府层面

（1）提供支持和培训。教育行政部门为学校和教师提供必要的支持和培训，帮助他们理解和应用评估结果。同时，要提供专业发展机会和资源，以增强教师的教育能力和专业素养，促进教学质量的提升。

（2）建立平台和机制。教育行政部门通过举办研讨会、研讨班、交流活动等形式，让不同学校和教师分享成功经验和教学实践，从中汲取经验，共同提升教育质量。

（3）建立协同机制。教育行政部门、学校、教育机构和社区等利益相关建立协同机制，资源互补，形成合力，共同努力推动评估结果的运用和教育改进，实现共同的教育目标。

3. 学校层面

（1）制订具体的改进计划和措施。学校要根据评估结果中的提到的问题和建议，制订具有可操作性和可衡量性的计划和改进措施，将评估结果与学校目标和发展计划相结合，确保评估结果及时传达给相关人员，明确责任人和时间表，以确保改进措施的有效实施。

（2）加强内部监测和跟进。学校应加强对改进措施的监测和跟进。定期检查和评估改进措施的实施情况和效果，并根据需要进行调整和改进。

（3）促进校际合作和经验交流。各学校进行合作和交流，分享评估结果和改进经验。通过学校间的合作与交流，共同提高教育质量和效果。

综上所述，加强教育评估结果的运用需要在机构、政府和学校三个层面上进行合作和努力。通过建立完善的管理体系、制定政策和法规、提供培训和指导、组织研讨和交流等措施，促进评估结果的充分运用，推动教育质量的提高和改进。同时，评估结果的有效运用也需要各方共同努力，形成合力，确保评估成果得到真正的应用和转化，为教育系统的持续发展和提高做出积极贡献。

参考文献

一、专著

[1] 宁业勤．教育评价实践研究［M］．杭州：浙江工商大学出版社，2016.

[2] 王其藩．系统动力学［M］．上海：上海财经大学出版社，2009.

[3] 克拉克．高等教育系统：学术组织的跨国研究［M］．王承绪，等译．杭州：杭州大学出版社，1994.

[4] 李志军．第三方评估理论与方法［M］．北京：中国发展出版社，2016.

[5] 席成孝．高等教育质量“第三方评估”机制研究［M］．西安：西北大学出版社，2016.

[6] OSBORNE S P. 新公共治理？：公共治理理论和实践方面的新观点［M］．包国宪，赵晓军，等译．北京：科学出版社，2016.

[7] 陈禹．信息经济学教程［M］．北京：清华大学出版社，1998.

[8] 彼得斯．政府未来的治理模式［M］．吴爱明，夏宏图，译．北京：中国人民大学出版社，2001.

[9] 叶学平．全面深化改革第三方评估理论与实践［M］．北京：中国财经出版传媒集团，2019.

[10] 程书肖．教育评价方法技术［M］．北京：北京师范大学出版社，2007.

[11] 李忠尚．软科学大辞典［M］．沈阳：辽宁人民出版社，1989.

[12] 卢现祥．新制度经济学［M］．武汉：武汉大学出版社，2004.

[13] 诺斯 . 制度、制度变迁与经济绩效［M］. 刘守英，译 . 北京：生活·读书·新知三联书店，1994.
[14] 史华楠 . 教育管办评分离的政府角色研究［M］. 北京：九州出版社，2020.
[15] 吴钢 . 现代教育评价教程（第二版）［M］. 北京：北京大学出版社，2015.
[16] 储朝晖 . 中国第三方教育评价探索［M］. 福州：福建教育出版社，2020.
[17] 王向红 . 中国高等教育评估质量保证研究：元评价的视角［M］. 北京：中央编译出版社，2017.

二、学位论文

[1] 李嫣 . 基于管办评分离的高等教育协同治理研究［D］. 沈阳：长春工业大学，2019.
[2] 杨亚伟 . 教育治理现代化进程中基础教育管办评分离改革研究［D］. 郑州：郑州大学，2019.
[3] 张曦琳 . 管办评分离背景下高等教育第三方评估体系的建设研究［D］. 济南：山东师范大学，2018.
[4] 王守文 ."SCC"理论：中国社会组织评估机制研究［D］. 武汉：华中科技大学，2013.
[5] 王曦 . 高等教育第三方评价制度创新研究［D］. 南充：西华师范大学，2019.
[6] 富勤华 . 高等教育评估方法技术研究［D］. 上海：华东师范大学，2010.
[7] 单曦影 . 我国高等教育社会评价机构研究［D］. 长沙：湖南大学，2017.
[8] 韩喜梅 . 我国职业教育质量第三方评估机制研究［D］. 天津：天津大学，2019.
[9] 漆玲玲 . 我国高等教育质量第三方评估模式研究［D］. 武汉：武汉大学，2011.
[10] 邱若宜 . 英格兰高等教育评估的质量观演变研究［D］. 广州：广州大学，2020.
[11] 周映新 . 英国高等教育第三方评估机制的运行经验及启示［D］. 石家庄：河北科技大学，2020.

［12］叶星．地方政府教育评估机构功能定位及改造研究：以JS省教育评估院为例［D］．扬州：扬州大学，2016.
［13］车洁．我国地市级政府绩效评估第三方参与机制研究［D］．成都：电子科技大学，2015.
［14］肖乐乐．政府购买社会服务的第三方评估：动因、效应及策略研究［D］．上海：华东理工大学，2015.
［15］高聪．社会组织评估体系构建研究［D］．青岛：青岛大学，2014.
［16］刘波．民间教育评估机构运行机制研究［D］．重庆：西南大学，2013.
［17］李亚东．我国高等教育外部质量保障组织体系顶层设计［D］．上海：华东师范大学，2013.

三、期刊

［1］薛利晨，米靖．2011—2021年我国职业教育第三方评价研究现状考察与思考［J］．教育与职业，2023（7）：90-97.
［2］骈茂林．教育第三方评估探讨：规制理论的视角［J］．上海教育评估研究，2022（6）：1-6.
［3］刘利民．新形势下我国基础教育管办评分离思考［J］．中国教育学刊，2015（3）：1-6.
［4］邓旭，乔芳．我国教育政策民意表达合理性的缺失及建构［J］．辽宁教育行政学院学报，2014（3）：21-24.
［5］刘鹏．教育第三方评价机制建设的困境及优化［J］．教学与管理（理论版），2017（10）：110.
［6］高兵，杨小敏，雷虹．管办评分离的本质探析与实现路径［J］．教育评论，2015（3）：7-9.
［7］周海涛．高等教育“管办评分离”改革的缘由与路径［J］．国家行政学院学报，2017（3）：3-8.
［8］何秀超．教育督导推进教育“管办评”分离的思考［J］．教育研究，2019（2）：124-130.
［9］王向华，张曦琳．管办评分离背景下高等教育第三方评估的探索与实践：以上海市教育评估协会和麦可思研究院为例［J］．当代教育科学，2019（2）：92-96.

[10] 闫艳．现代治理视野下第三方教育评估机构建设研究［J］．教育参考，2019（5）：33–38.

[11] 陈滔宏．教育评估方法技术初探［J］．上海教育评估研究，2020（2）：17–21.

[12] 冯晖，吴磊．教育评估的政策演进、现状剖析及推进逻辑［J］．现代教育科学，2018（10）：134–138.

[13] 王璐，邹靖．市场机制下第三方教育评估机构的发展：机遇、路径与挑战［J］．教育测量与评价，2020（9）：11–21.

[14] 王建华．我国大学与政府间中介性组织的现状、原因与对策［J］．青岛科技大学学报（社会科学版），2002（3）：1–6.

[15] 苏艳红．民办高校开展教学质量第三方评价的理性思考［J］．黄河科技大学学报，2014（2）：10–12.

[16] 胡晓娟．增强适应性：职业教育第三方评估政策优化突破［J］．中国职业技术教育，2021（34）：30–37.

[17] 周家荣，李慧勤．教育管办评分离：实质基础、行动逻辑和体制障碍［J］．高等教育研究，2016（7）：16–20.

[18] 杨晓江．国外高等教育评估中介机构发展轨迹试探［J］．外国教育资料，2000（4）：39–43.

[19] 姚成林．国外高等教育评估机构带给我们的启示与借鉴［J］．劳动保障世界，2018（9）：77–78.

[20] 李维维，樊秀娣．对我国第三方教育评估机构进行资质认证的探索［J］．内蒙古师范大学学报（教育科学版），2017（8）：7–12.

[21] 孙志红．美日高等教育第三方评估标准演变逻辑的对比分析研究：以美国中北部地区大学与中学协会和日本学位和大学改革支援机构为例［J］．科技经济导刊，2016（19）：128–130.

[22] 张盼．法国高等教育质量评估机制形成过程及启示［J］．大观周刊，2011（22）：129–130.

[23] 冯旭芳，李海宗．法国高等教育质量评估机制对我国的启示［J］．教育探索，2008（11）：139–140.

[24] 吴艳茹．德国高等教育评估制度及其特点［J］．高校教育管理，2008（5）：22–25.

［25］余凯，杨烁．第三方教育评估权威性和专业性的来源及其形成：来自美、英、法、日四国的经验［J］．中国教育学刊，2017（4）16–21.

［26］江小平．法国研究与高等教育评估机构简介［J］．国外社会科学，2009（5）：122.

［27］彭莉莉．迈向能力取向的教育质量控制：德国国家教育标准的考察［J］．教育发展研究，2012（12）：1–7.

［28］王报平，仇鸿伟．高等教育第三方评价：美国与日本的启示与借鉴［J］．科研管理，2015（1）：477–482.

［29］耿宗程，王和平．比较视野下我国高等教育第三方评估的公信力困境及其超越［J］．高教探索，2022（1）：22–28.

［30］王凤秋，崔曼秋．比较视域下我国高等教育第三方评估机制的构建策略［J］．黑龙江高教研究，2021（3）：41–46.

［31］胡晓娟．增强适应性：职业教育第三方评估政策优化突破［J］．中国职业技术教育，2021（34）：30–37.

［32］周娟，肖萍，程样国．高等教育治理社会主体法律地位研究［J］．中南民族大学学报（人文社会科学版），2018（3）：176–180.

四、电子文献类型

［1］马得清．教育“管办评分离”怎样才能做到位？［EB/OL］．（2015-05-12）［2023-02-10］．http://www.jyb.cn/opinion/pgypl/201505/t20150512_621993.html.

［2］中共中央，国务院．中国教育现代化 2035［EB/OL］．（2019-02-23）［2023-02-10］．http://www.gov.cn/zhengce/2019-02/23/content_5367987.htm.

［3］搜狐网．政府购买教育服务是大势所趋［EB/OL］．（2016-08-12）［2023-02-10］．https://www.sohu.com/a/110280808_360504.

［4］储朝晖．迟迟不就位的第三方教育评价［EB/OL］．（2016-01-26）［2023-02-10］．http://theory.people.com.cn/n1/2016/0126/c49157-28084356.html.

［5］西华师范大学教学督导与评估中心．国（境）外部分高等教育评估机构的设置及比较［EB/OL］．（2018-06-26）［2023-02-10］．https://pgzx.cwnu.edu.cn/info/1008/1161.htm.

[6] 段会冬 . 英国教育质量保证：基础教育督导与高等教育评估简介［DB/OL］.（2010-06-09）［2023-02-10］. https://blog.sina.com.cn/s/blog_60982d430100jrlj.html.

[7] 东北师范大学 . 日本高等教育第三方评估机制述要［EB/OL］.（2019-05-27）［2023-02-10］. http://iwen.nenu.edu.cn/info/1014/1074.htm.

[8] 李伟 . 国外高等教育评估机构简介：欧洲地区［EB/OL］.（2017-08-14）［2023-02-10］. https://max.book118.com/html/2017/0807/126429670.shtm.

后记

本书是本人在长期从事项目和课题研究中取得的具体成果，这些项目包括由我主持的全国教育科学“十三五”规划2019年度教育部青年课题“中小学生财经素养评价指标研究”(课题编号：EHA190493)、广东省教育教研“十三五”规划2019年度教育科研一般项目科学研究课题“广东省第三方教育评估机构制度的构建研究”（课题批准号：2019YQJK568）和广东省教育科研“十三五”规划2016年度研究教育科研一般项目“广东省第三方教育评估机构的培养策略研究”（课题批准号：2016YQJK250）等各级各类重要课题，同时融入了本人从事教育评估工作十年来的对教育评估系统思考的心得体会。

坦率地说，本书的撰写过程是一段富有挑战而又充实的过程，前前后后历时三年时间，因为种种因素，一再拖延完稿。在这个过程中，我不仅加深了对教育管办评分离政策的理解，也对第三方评估的背景、意义和方法进行了深入研究。通过阅读文献以及与同行和专家们的交流和讨论，我进一步丰富了对于教育评估机构运行和组织实施的认识。这些经历和收获将成为我未来工作中不可或缺的财富。

研究不易，过程也艰辛，但使我在为人、治学、工作以及平衡生活等方面受益良多。在此，我内心要无比感谢我工作这些年来不断给我鼓励的家人、师长、领导、同事以及朋友们。

感谢我勤劳务实的父母，是他们毫无条件地支持、体谅我，养育我长大，帮我照顾孩子。感谢我的先生和女儿，为了让我能安心写作，给我鼓励和全力保障。感谢我的导师杨韶刚老师，他优秀的品格和把学术研究当作生命的态度时刻感染着我。感谢广东省教育研究院历任院领导对我的悉心指导和帮助，感谢耿景海、王书汉、张伟民、戚务念、詹斌、许世红以及院各机构的领导前辈、兄弟姐妹们对我的帮助和支持，是他们在工作中不断给我鞭笞和包容。感谢广东高等教育出版社黄红丽总编辑对本书出版的大力支持，以及责任编辑钱丹女士认真细致的出版服务。同时，还要感谢关心我的所有亲友、同事，由于篇幅有限而不能一一具名。

最后，我希望本书能成为一个起点，以后我将通过持续的学习和研究，不断完善和深化对教育评估的理解，带着更大的动力和更饱满的热情来研究和探索教育评估领域的前沿问题。

莫玉音

2023 年 7 月 14 日